版权声明

CHILDREN'S LIVELY MINDS: Schema Theory Made Visible by Deb Curtis and Nadia Jaboneta
Copyright © 2019 by Deb Curtis and Nadia Jaboneta
Published by arrangement with Redleaf Press c/o Nordlyset Literary Agency through Bardon-Chinese Media Agency
Simplified Chinese translation copyright © 2022
by China Light Industry Press Ltd. / Beijing Multi-Million New Era Culture & Media Co. Ltd.
ALL RIGHTS RESERVED

保留所有权利。非经中国轻工业出版社"万千教育"书面授权,任何人不得以任何方式(包括但不限于电子、机械、手工或其他尚未被发明或应用的技术手段)复印、拍照、扫描、录音、朗读、存储、发表本书中任何部分或本书全部内容,以及其他附带的所有资料(包括但不限于光盘、音频、视频等)。中国轻工业出版社"万千教育"未授权任何机构提供源自本书内容的电子文件阅览、收听或下载服务。如有此类非法行为,查实必究。

Children's Lively Minds: Schema Theory Made Visible

读懂儿童的思维
——支持自主游戏中的图式探索

[美] 德布·柯蒂斯（Deb Curtis） ／著
纳迪娅·贾伯内塔（Nadia Jaboneta）

张 晖／译
范 忆 时 萍／校

中国轻工业出版社

图书在版编目（CIP）数据

读懂儿童的思维：支持自主游戏中的图式探索／（美）德布·柯蒂斯（Deb Curtis），（美）纳迪娅·贾伯内塔（Nadia Jaboneta）著；张晖译．—北京：中国轻工业出版社，2022.6（2023.5重印）

ISBN 978-7-5184-3879-2

Ⅰ．①读… Ⅱ．①德… ②纳… ③张… Ⅲ．①儿童教育－研究 Ⅳ．①G61

中国版本图书馆CIP数据核字（2022）第033210号

总 策 划：石　铁
策划编辑：高　君　　　责任编辑：张天怡
责任终审：张乃柬　　　责任校对：刘志颖　　　责任监印：吴维斌

出版发行：中国轻工业出版社（北京东长安街6号，邮编：100740）
印　　刷：三河市双升印务有限公司
经　　销：各地新华书店
版　　次：2023年5月第1版第3次印刷
开　　本：710×1000　1/16　印张：12.75
字　　数：66千字
书　　号：ISBN 978-7-5184-3879-2　定价：58.00元
读者热线：010-65181109，65262933
发行电话：010-85119832　传真：010-85113293
网　　址：http://www.chlip.com.cn　http://www.wqedu.com
电子信箱：1012305542@qq.com
如发现图书残缺请拨打读者热线联系调换
220118Y1X101ZYW

译者序　换一个视角看儿童

翻译完本书后，我的最大感受是，我们真的需要换一个视角去看儿童、解读儿童、理解儿童了。视角图式，是皮亚杰认知建构主义理论的追随者、研究者发现的一种儿童探索世界的图式。为了从多个角度理解世界，儿童摆出各种不同的姿势——他们可能爬到高处瞭望，可能躺在地板上仰视，也可能叉开双腿往后看……这些行为在每一个儿童的日常生活中都会出现，儿童通过这样的行为看世界、发现世界。然而，这些行为又常常令成人抓狂和不知所措。是什么力量支持着每一个儿童在成长的过程中从不同的角度认识世界？他们为何有如此强烈的好奇心？这些行为究竟对儿童的发展有何意义？当本书的作者德布·柯蒂斯（Deb Curtis）和纳迪娅·贾伯内塔（Nadia Jaboneta）也像儿童一样，努力地改变自己"看"儿童的视角时，她们发现了儿童活跃的大脑。她们满怀着对儿童的好奇、惊叹，感受着与儿童生活在一起时无尽的快乐和挑战。她们在书中不止一次表达了这样的心情："我们一直对儿童的视角很好奇，因为我们知道他们对世界的认识和看法与我们截然不同。""儿童比成人能看到更多、听到更多、感受到更多、体验到更多。他们比我们更善于学习。儿童非凡的学习能力反映了其大脑的特征，这些特征实际上可能使儿童比成人具有更敏锐的意识。"在翻译本书的过程中，我的内心一直在不断激荡，惊叹于书中孩子的了不起！我感受到儿童与生俱来的学习能力深不可测，心中充满了对儿童的尊重！

尽管本书的两位作者声称自己不是"专业的研究者"，而是"非正式的教师研究者"，但本书向我们展示了专业的行动研究过程。两位作者在学习了有关图式的理论之后，记录了儿童的日常游戏故事，用图式理论分析了儿童行为背后的原因，由此改变了对幼儿教育的看法，并不断地反思教师在促进儿童发展过程中的角色，形成了支持儿童在游戏中进行图式探索的有效策略。本书展现了行动研究过程中反思型教师必经的成长历程。反思型教师需要不断地挑战自己对儿童发展的已有认知，换一个视角去认识儿童，打破头脑中对儿童的固有看法，需要对"幼儿教育"的课程、策略及成人的作用进行深刻的反思。两位作者在书中写道："我们不再问自己，什么对儿童的学习有用，什么对儿童的学习没用。相反，我们会问自己观察到了哪些反映儿童对学习的渴望和他们的学习能力的细节……我们重视儿童的创造性、创造力和合作，而不是让他们安静地坐着听教师讲课……我们跟随着儿童的指引，不断地认识和研究儿童，支持并增强儿童当下已经拥有的、非凡的生活和学习能力。"书中的很多故事挑战了我们对幼儿及幼儿教育的已有认知。例如，在"粉笔"的故事中，"当教师们给孩子们分发粉笔时，纳迪娅老师眼中看到的都是钱"——估计特别能引起你的共鸣。儿童为什么不用如此昂贵的美术工具进行艺术创作活动，而是把它们截成小段，磨成粉末，并乐此不疲呢？当我们从图式的角度理解儿童的行为时，我们发现，儿童是如此的"伟大"和富有创造性。这些行为意味着，他们将来可能会成为物理学家、数学家，因为现在他们正做着科学家们做的事。阅读了本书后，我们看到孩子们那些令我们抓狂的行为变得如此有价值。我们对他们"膜拜"都来不及，更何况批评他们了。

  本书的作者不仅带着我们发现儿童，还从环境创设以及家长、教师、儿童共同合作的角度，提供了有效的支持策略。这些教育策略为我们打开了课程实施的另一扇门。支持儿童游戏中的图式探索原来如此简单——提供各种材料就好，而又如此不简单——读懂孩子不易，有效沟通不易。

  本书在描述了每一个故事后都用对话的形式带领读者进行反思，并提出问题。这些问题的提出思路，无论是对理论工作者还是幼儿教育的实践工作者都有非常大的启示价值。此外，对幼儿园教研活动、教师培训也有积极的借鉴意义。正如作者在本书中所指出的："阅读我们的故事并沉浸其中，之后从故事中跳出来思考你所看到的儿童行为。接下来，寻找你自己的故事、有趣的理论和研究，然后和我们一起享受反思性实践带给工作的快乐和满足，感受反思性实践对工作甚至世界的强大影响力。"

在翻译了《认识婴幼儿的游戏图式——图式背后的秘密》和《观察婴幼儿的游戏图式——支持和拓展儿童的学习》之后，万千教育编辑部感受到近几十年来国外在图式理论研究和实践方面的进展、意义，又发现了这本更深入、更具有实践性的著作。我用了两个月的时间翻译本书，尽可能忠实地表达原文的意思和作者蕴含在文字中的情绪、情感。由于水平有限，翻译时间紧迫，翻译不到位之处敬请读者批评指正。

张晖
2021年12月于南京

目　录

译者序　换一个视角看儿童 / I

第一章　工作中活跃的大脑 / 1

　　儿童是"学习机器" / 4

　　"感官超人" / 6

　　图式理论 / 7

　　不是一本解决问题的书 / 10

　　如何使用本书 / 11

第二章　辨识图式——儿童日常挑战性行为背后的秘密 / 13

　　搬运图式 / 15

　　变换图式 / 24

　　轨迹图式 / 32

　　旋转和循环图式 / 40

　　围合和包裹图式 / 46

　　连接和拆分图式 / 54

　　定位和排序图式 / 62

　　定向和视角图式 / 68

第三章　图式探索——儿童学习与发展的强大动力 / 75

　　图式驱使儿童的身体活动，以促进大脑的健康发育 / 75

图式引发社会交往与合作 / 84

图式帮助建构数学技能 / 90

图式促进艺术探索 / 96

图式丰富假想游戏的情节 / 106

图式推动长期的探究 / 111

第四章 引发儿童进行图式探索的环境与材料 / 121

为活跃的大脑搭建平台 / 123

不同的经验 / 128

　感官经验 / 128

　大肢体运动经验 / 137

　建构、操作和设计经验 / 144

　学业经验 / 156

　角色扮演的经验 / 164

　身份认同和反偏见经验 / 169

第五章 让图式探索和学习看得见 / 179

观察与合作 / 180

家庭参与 / 181

教师的角色 / 183

图式的超级力量 / 187

附录 A 与儿童的活跃大脑相遇——观察、反思图式游戏与大脑发育的工具 / 189

附录 B 图式探索概述 / 191

第一章

工作中活跃的大脑

> 我们期望了解儿童的想法、感受和疑惑。我们相信，儿童会告诉同伴和我们一些新的事情。我们期待听到惊喜和新的想法。这种行为支持着我们一起寻找新的意义，一起成为一个探寻者共同体。
>
> ——路易斯·考德威尔（Louise Cadwell）

孩子们急切地走向桌子，桌子上摆放着一盒盒崭新的色粉笔[1]和画纸。正如我们所预料的那样，几个孩子开始在桌子上画画了。一个孩子有与众不同的想法——他在纸上交替画了不同颜色的线条。画了一段时间后，他用手去擦拭和涂抹这些线条。其他孩子注意到了他的"发明"，也开始在纸上涂抹。

纳迪娅老师给孩子们提供了纸巾来擦拭，于是用纸巾擦拭色粉笔画成为整个小组的工作。

孩子们注意到，当他们在画画的过程中用力压色粉笔时，就会有粉末产生。于是，制造粉末成为孩子们新的探究兴趣，几个孩子投入了制造一堆堆色粉笔末的活动中。他们运用擦拭、移动、堆积、撒落和吹气等方式来研究这一闪闪发亮的物质。接下来，一个孩子决定把纸巾弄湿来看看水会如何改变彩色粉末的状态。

---

[1] 英文名为 chalk pastel，色粉笔是一种用颜料粉末制成的干粉笔，它比我们在黑板上书写用的粉笔更细腻、更软，着色力更强，颜色更丰富，价格也更昂贵。——译者注

　　水和色粉笔末的混合引发了孩子们的进一步探究。孩子们提出需要更多的水，于是教师给他们提供了装满水的小杯子。他们把杯子当作容器，把粉末混合到水里来改变水的颜色。孩子们渴望看到更多的变化，于是他们找到木棍作为工具来制造更多的粉末。他们很快就学会了把色粉笔削成更小的碎片，然后把它们混合到水中，形成一种浓稠的液体。孩子们全神贯注地进行了一个多小时的探究。

　　可是，色粉笔是用来画画的呀！

　　随着孩子们活动的开展，我们两个（德布和纳迪娅）曾在好几个"岔路口"提出疑问："我们是应该支持和扩展他们的活动，还是应该引导他们不要这样做？"我们成人的反应是保护这些昂贵的色粉笔，因为我们提供它们是为了让孩子们画画。我们问自己："孩子们这样做是在浪费或破坏材料吗？他们会不会把活动室弄得又脏又乱？我们应该帮助孩子正确地使用色粉

笔吗?他们的工作有什么价值吗?"为了成为反思型教师,我们必须暂时搁置我们的观点,停下来关注孩子们并认识到:当孩子们探索并分享他们的想法和问题时,丰富的合作性学习就会发生。正如路易斯·考德威尔提醒我们

的那样，我们一直要倾听"新的想法"。我们通过进一步的观察发现，孩子们在利用观察能力、问题解决能力、因果关系推理能力探索材料以及深入学习方面表现得非常出色。他们独立思考，并围绕着自己和他人的想法、做法合作探究。他们对探究色粉笔有着共同的兴趣，并发明了工具和独特的策略来实现他们的目标。我们决定帮助和支持孩子们深入开展活动，因为我们看到，与其说这是一项艺术活动，不如说这段经历激发了孩子们内在的学习动力，促使他们行动起来去了解世界。

儿童是"学习机器"

儿童比成人能看到更多、听到更多、感受到更多、体验到更多。他们比我们更善于学习。儿童非凡的学习能力反映了其大脑的特征，这些特征实际上可能使儿童比成人具有更敏锐的意识。

——艾莉森·高普尼克（Alison Gopnik）

艾莉森·高普尼克在关于大脑发育和学习的研究中，将儿童描述为"学习机器"。她指出，研究人员已经发现，儿童比最先进的计算机或杰出的科学家还善于学习。儿童是狂热的探究者，他们会"捣鼓"和研究周围的一切。他们会自然而然地采取行动来验证假设，系统地研究世界。在探索的过程中，儿童会产生期待和认识并持续不断地验证新想法。他们进行实验，反复尝试，以便认识自己和周围的神奇世界（Gopnik, 2009）。

我们两个（德布和纳迪娅）加在一起有超过 50 年的幼儿教育工作经验，其中，德布在美国华盛顿州西雅图市担任幼儿园和托儿所教师，纳迪娅在美国加利福尼亚州旧金山市担任幼儿园教师。在过去的几年里，我们一直在努力地成为反思型教师。我们仔细观察儿童的能力表现细节，一起思考如何做出有意义的回应。我们正在学习高普尼克以及其他人关于幼儿大脑发育和学习的研究成果，并积极地将这些研究成果与我们日复一日的教育实践联系起来。我们收集了许多类似"改变色粉笔用途"的故事，这些故事描述了我们在研究中的发现。在故事中，这些孩子们的能力表现改变了我们对日常工作的看法，也改变了我们对教师在促进孩子们惊人的学习能力发展中所扮演的角色的认识。我们反对当前早期教育界的观点，即认为儿童需要为未来的学业和就业做好准备。我们避免在课程规划和儿童行为管理方面采取速效的办法或者策略。我们不再问自己，什么对儿童的学习有用，什么对儿童的学习没用。相反，我们会问自己观察到了哪些反映儿童对学习的渴望和他们的学习能力的细节。我们的努力让我们看到了孩子们和色粉笔的互动。我们重视儿童的创造性、创造力和合作，而不是让他们安静地坐着听教师讲课。我们没有将有限的学习目标记录在清单上，让孩子们为未来做好准备，而是将我们的工作视为一个渐进的过程——在这个过程中，我们跟随着儿童的指引，不断地认识和研究儿童，支持并增强儿童当下已经拥有的、非凡的生活和学习能力。

当我们观察孩子们的色粉笔探究活动时，我们很兴奋地"看到了"脑科学研究成果，并清晰地看到了他们娴熟多样的材料探究方法。他们就是工作中的"学习机器"，他们密切观察、尝试各种想法、有意识地重复探究、不断发现，并应用新获得的认识进行更深入的探究。他们自己完成了这一切，天衣无缝！

"感官超人"

当我们还是孩子的时候,我们所有人都在为自己收集"财富"——有关色彩、光明与黑暗、运动、紧张的财富。我们中的一些人长大后有机会重新拥有童年的这些财富,而大多数人没有这样的机会,这是一个悲剧。

——英格玛·伯格曼(Ingmar Bergman)

研究表明,儿童的大脑非常灵活,科学家将其描述为"大脑的可塑性"(brain plasticity)。儿童大脑的结构特点,使他们比成人能看到更多、听到更多和体验到更强烈的感受。儿童的大脑吸收大量的感官信息,当大脑研究并处理这些感官信息时,就为未来学习和能力发展形成了通路。

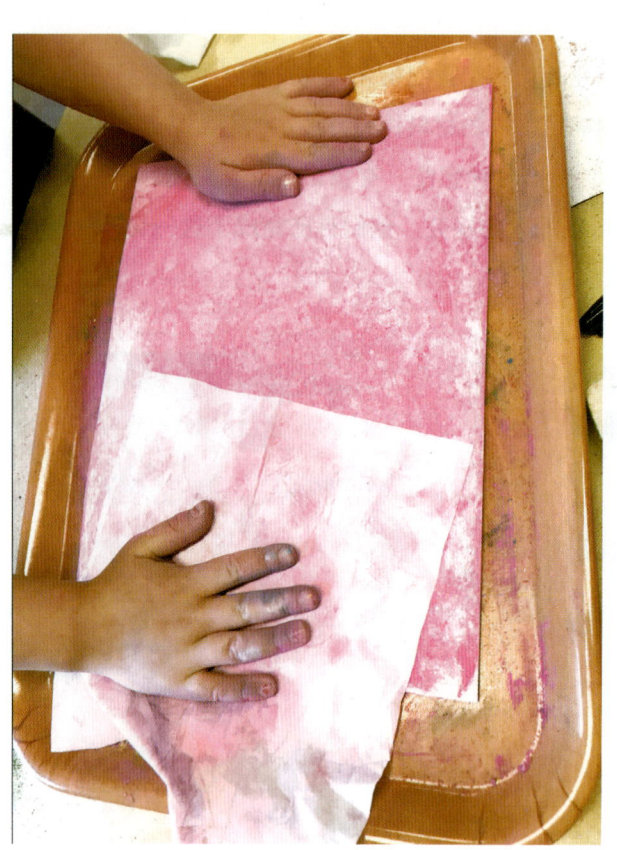

早期的感官经验等,为大脑中所有"连接"的发展提供了主要的基础。这就像城市的主干道一样,主干道连接着较小的街道,从而形成道路网络。如果没有更大的主干道的发展,较小的复杂连接和通路就无法存在。儿童获得的经验越多,他们大脑中形成的通路就越多。

我们从对大脑发育的研究中得出的最重要的观点是,儿童是生来就具有惊人学习能力的"感官超人"。我们的工作是密切关注儿童的能力,理解儿童游戏的深层意义,采取行动支持他们,使他们的潜力充分发挥出来。

作为幼儿教育工作者，我们知道感知觉、运动以及解决问题经验的重要性，但我们往往将我们对于儿童在这些方面的发展所做的思考简化为预设的课程活动、感官桌和手指画。随着我们越来越深刻地理解这些经验对儿童大脑发育的重要性，我们就必须更仔细地看一看我们为儿童提供了什么。环境和材料究竟为儿童的大脑发育提供了什么？儿童能看到、听到、触摸、闻到或尝到什么？我们如何为儿童提供有趣的事情让他们参与，提供有趣的问题让他们解决？什么可以挑战儿童的身体或思维？

反思上文的色粉笔故事，思考这一活动所具有的强烈感官吸引力。儿童着迷于自己将色粉笔从光滑的线条变成粉末，再变成黏稠液体的能力。他们的行为神奇地改变了色粉笔的颜色，使色粉笔由浅色变成了鲜艳的深色。在这个多维度的探索中，我们认识到儿童正在就"世界是如何运作的"，以及"他们的想法和主动性能产生怎样的影响力"等问题建立至关重要的、持久的大脑连接。我们努力利用从反思中获得的深刻理解，为儿童提供更有意义的材料和经验，促进儿童非凡能力的发展。

图式理论

在这些年的教学生涯中，我们看到儿童的很多感官探索活动、实验、理论论证活动，例如，本章开头的"浪费"色粉笔的活动。他们的这些行为让我们有点儿抓狂。也许当你看到儿童的以下行为时，你也会有同样的感觉：

- 把你按照颜色认真整理好的颜料混到一起。
- 把篮子里的所有玩具和材料都倒出来，堆成一大堆。
- 看上去毫无目的地把玩具和材料从一个地方移到另一个地方。
- 将一个精心搭好的积木建筑推倒在地。
- 把玩具汽车和球扔得到处都是。
- 把桌子上或架子上的所有玩具都扫落到地上。
- 在任一物体上跳上跳下。
- 藏在桌子底下，或者钻到箱子或容器里。

- 斜靠在椅子上，差点摔倒。

我们似乎无论做什么或说什么，都不能阻止儿童的这些行为。过去，我们学会了忍受这些行为，并经常扮演幼儿园警察的角色，尽量减少这些令人沮丧的行为。但是自从我们从新西兰的同行那里学习了图式理论后，我们就不再是以前的我们了。我们对儿童的这些挑战性行为的看法以及我们针对这些行为的教学策略，都永远地改变了。

在努力学习图式理论的过程中，我们重新回顾了瑞士心理学家让·皮亚杰（Jean Piaget）的理论。他把图式描述为一种在儿童的游戏中反复出现的思路，这就意味着儿童的游戏反映了其更深层次的、内在的定向思维。当儿童探索图式时，他们正在建构对抽象的思想、模式和概念的理解。

尽管皮亚杰在儿童的认知发展方面有广泛的研究成果和理论，但是，我们最感兴趣的是他的图式理论。克里斯·阿西（Chris Athey）、凯茜·纳特布朗（Cathy Nutbrown）以及来自英国和新西兰的其他人，已经研究和描述

了皮亚杰的这一理论。他们在各种书籍、文章和博客中阐述了儿童游戏中的重复模式。他们的研究为我们了解儿童的游戏行为及其意义提供了宝贵的资源。以下图式是我们在自己的非正式教学研究中采用的。同时，我们也举例说明了你所在机构中的儿童探索这些图式时的行为表现。

- **搬运**：把东西拿起来，移动它们，然后把它们放下或扔掉。
- **变换**：利用材料来探索形状、颜色、一致性等方面的变化。
- **轨迹**：探索物体或者自己的水平、垂直和对角线运动；让物体在空中飞行或者移动自己。
- **旋转和循环**：用可以旋转的东西做实验，例如，自己、轮子、球；探索曲线和圆圈。
- **围合和包裹**：用其他东西把物体围起来；自己进入一个限定的区域，如用积木搭的区域或盒子里。把自己或者其他东西完全藏起来、覆盖起来或包裹起来。
- **连接和拆分**：把东西连接到一起或绑起来；把东西分开。用胳膊或腿把东西分散开；把所有的玩具或物品从一个平面上扫落下来。
- **定位和排序**：把小汽车玩具排成一排；让动物玩具一个挨一个地站成一排；按照适当的顺序对物体进行分类和摆放。
- **定向和视角**：往所有东西上攀爬，悬挂在栏杆上，透过洞和透明的物体看东西，站在玩具上，在桌子下爬行。

色粉笔活动说明了什么

在上文的色粉笔故事中，探索"变换"图式是儿童研究色粉笔活动的核心。我们认为，色粉笔探索活动吸引了孩子们的注意力，并促使他们发明了工具以尽可能多的方式改变色粉笔。这个故事，就像本书中的许多其他故事一样，清楚地展现了儿童的大脑是如何积极主动地探索周围丰富的感官世界的。儿童是敏锐的观察者，能够看到最微小的可能性。他们既能观察到他们用色粉笔制作的粉末，也能观察到粉末和水混合所导致的颜色深浅变化。之后，当儿童吸收如此丰富的信息时，他们凭借非凡的、直觉的智慧，通过

图式探索活动一遍又一遍地重复动作，一起工作、发现并建立持久的大脑连接。当我们开始了解并欣赏儿童的这些与生俱来的能力时，我们的耐心、热情和尽自己最大努力为幼儿工作的责任感就会大大提升。

不是一本解决问题的书

接受一种基于倾听幼儿、基于提问"我们正在做什么和为什么这么做"、基于思考如何将理论转化为实践以及如何从实践中形成理论的教学风格，就意味着我们接受了一种每天都能促进自己专业发展的工作方式。

——索尼娅·肖普托（Sonya Shoptaugh）

本书既不是在探寻速效的办法或者正确的答案，也不是在讨论应该为幼儿开展什么样的课程活动，而是本着索尼娅·肖普托所传达的精神聚焦于反思性实践。本书是一本关于儿童游戏的故事集，它让我们停下脚步，为那些与我们一起度过美好时光的孩子赞叹、喝彩。对于每一个故事，我们都提供了简要的看法和理论，以及我们从一些研究中获得的认识。我们的工作可能会激发你自己的研究兴趣。当你思考自己的幼儿教育工作时，你将获得大量需要思考的事物；它们没有一个正确的答案，我们在这里也不会试图提供任何确定的信息。相反，我们将通过多个角度来理解我们所看到的幼儿表现，这样我们就可以选择我们想要扮演的角色来提升所有人的经验。探寻我们所观察到的事物有哪些更深层次的意义，将增强我们日常工作的乐趣，并让我们洞察到自己有能力开创一个更加光明的未来。

我们俩都定期担任指导教师，与其他教师一起思考幼儿教育工作。我们既不是科学家，也不是专业的研究人员。我们视自己为非正式的教师研究者和幼儿迷。我们总是对新的信息保持敏感，会立刻寻找我们在日常教育工作中读到和听到的真实例子，并不断地相互挑战去探寻研究、理论与实践之间的联系。我们喜欢建构自己的理解，扩展学习到的思想。我们经常给彼此发短信分享孩子们的故事，而这些故事反映了我们共同追求的新理念。我们视自己为促进社会公平的教育者，在日常幼儿教育工作中寻求不同的观点和公正，包括极力倡导童年和儿童的权利，尤其是身体活动或运动游戏。作为教师和朋友，我们共享的旅程已经成为我们的智力、社会性甚至精神发展的源泉。

如何使用本书

我们之所以写这本书，是因为我们渴望更加深入地思考、学习和进行教学实践。我们还发现，每当我们与教师们分享有关大脑发育和图式理论的信息，以及这些信息与我们自身的工作之间有何关系时，教师们总是渴望听到更多，并提供他们自己的故事。如果有更多的幼儿教育工作者能够分享有关儿童学习能力的故事，那么我们相信这将改变教师、管理者和政策制定者对儿童的看法。对于儿童、我们自己、教育体系和世界而言，我们想不出有比这更重要的工作了。

第二章运用故事和照片反映了每个特定的图式。在每个故事的后面，我们呈现了我们的反思与问题，并指出了图式的意义以及促进幼儿进一步学习和研究的可能性。

第三章运用故事描述了图式探索是如何推动儿童在很多领域的学习的，包括培养自我认同感、增强人际交往、加强社会合作、提高数学能力、促进想象性游戏等。此外，我们还探讨了图式探索与促进大脑发育的身体活动之间的重要关系。

第四章描述了环境和材料并提供了相应的照片，同时阐述了为什么环境和材料可以激发儿童深入参与活动的兴趣。

第五章展示了与儿童、家长及同事分享图式理论这一行为所具有的力量。

我们希望，本书关于游戏的详细描述能够让你感到欣喜，进而尊重儿童的能力。受本书鼓励，你也许会停下来观察，惊叹于儿童的能力，并在工作中开展有意义的研究。

阅读我们的故事并沉浸其中，之后从故事中跳出来思考你所看到的儿童行为。接下来，寻找你自己的故事、有趣的理论和研究，然后和我们一起享受反思性实践带给工作的快乐和满足，感受反思性实践对工作甚至世界的强大影响力。

第二章

辨识图式——儿童日常挑战性行为背后的秘密

在心理学和认知科学领域，图式被描述为一种思维或行为模式、一种组织系统或一种感知新信息的心理结构。个体运用图式来组织知识，并根据共同的要素和特征对物体、事件进行分类，以便解释和预测这个世界。

皮亚杰的发展理论指出，儿童在游戏中通过不断重复的模式和动作来建构一系列图式或认知结构。图式探索以集群的形式联系在一起，促进了更复杂的学习形式的发展（Piaget，1952）。

皮亚杰最早指出了这些游戏模式，之后，克里斯·阿西（2007）通过研究使人们更加了解这些游戏模式。英国和新西兰的研究者对图式游戏进行了全面的研究，他们通过研究表明，认识并提供图式探索活动是怎样支持幼儿的学习和发展的。

脑科学研究的进步以及核磁共振成像（Magnetic Resonance Imaging，MRI）和计算机轴向断层成像（Computed Axial Tomography，CAT）扫描技术的发展，帮助我们更多地了解了大脑中学习发生的过程。神经科学家实际上可以看到脑细胞之间是如何交流和建立连接的。这些有关永久性脑通路是如何形成的新发现，对我们理解幼儿的图式探索具有重要意义。当儿童进行重复性的游戏活动时——一种天然的倾向——他们的大脑就建立神经通路并强化它们，使之成为永久性的神经通路，这有助于儿童巩固学习成果和发展新的认识。当前的研究进一步证实了游戏在幼儿生活中的重要作用（Atherton & Nutbrown，2016）。

虽然解释图式游戏的理论复杂，但图式很容易识别，因为它们是儿童每天都会反复出现的行为。成人经常忽略或阻碍儿童的图式探索活动，因为它们看起来如此简单，而且是凌乱的、破坏性的和令人厌烦的。如果你能认识到儿童的这些典型的行为模式，那么你将能够欣赏到儿童自发的深层兴趣和他们非凡的能力。当你仔细观察儿童的图式游戏时，你可以规划活动以扩展儿童的经验，使儿童通过参与这些活动来建造他们的大脑。

本章旨在帮助你识别儿童游戏中的图式。目前，研究人员已经确定了婴幼儿的四十多种图式行为，但本书主要关注我们最经常看到的一些图式：

- 搬运
- 变换
- 轨迹
- 旋转和循环
- 围合和包裹
- 连接和拆分
- 定位和排序
- 定向和视角

儿童通常一次不止探究一种图式，因此，寻找多种图式的例子来提升我们的认识和能力以拓展儿童的探究，比正确地识别出某一个图式更重要。

本章，我们提供了每种图式的一般定义，以及儿童进行这类图式探索的照片。之后，我们分享了一些故事，其中包括照片以及我们的反思和提出的问题。在反思中，我们提出了对其他图式的思考，列举了有关大脑发育的例子，并提供了更多的方式来思考正在发生的事情。在每种图式的最后，我们与读者分享了下一步的做法和思考。使用我们所描述的案例和故事来寻找你自己的故事，记录下你的发现，并与你的同事和家长一起思考。我们可以保证，你将会改变你的教学实践！

搬运图式

儿童经常利用各种材料和设备满怀热情地进行搬运工作，把物体从一个地方移到另一个地方。他们通常把物体运到目的地后就不管它们了。以成人的视角来看，儿童把东西从这里搬到那里的行为莫名其妙，毫无道理可言。然而，当我们观察到他们脸上的严肃表情，看到他们果断地大步往前走以及一遍又一遍地重复这些动作时，我们知道，儿童的这些行为并不是随意的。成人认为，搬运是在特定的目的地完成特定的任务；这与儿童的想法完全不同。儿童沉浸在使用各种运输工具（卡车和货车，大大小小的容器，袋子和钱包，杯子和罐子，等等）移动物体和自己所带来的纯粹快乐和满足中。研究照片中的这些案例，看看你是否能辨识这些重复的模式，然后阅读故事，以训练自己识别和欣赏搬运图式的能力。

移动大积木

埃文立刻被体育馆里那堆巨大的空心积木吸引住了，这些积木是下雨天用来进行建构活动的。令德布老师吃惊的是，埃文既没有进行建构，也没有爬到积木上，而是有条不紊地把空心积木搬到房间的另一头。他勤奋地工作着，时而推着这些沉重的积木，时而抱着这些沉重的积木，一次两块，直到把所有的积木都搬到房间的另一头并堆放到一起。然后，他就跑去做别的事情了。

反思与问题

在这个活动中,2 岁的埃文运用他活跃的大脑和积极的身体一起建构了重要的概念并在大脑中神经元之间建立了连接吗?我们从他脸上严肃的表情和行动中可以看出,他的搬运图式正在召唤他使用各种方法小心翼翼地把积木从房间的一头移向另一头。当他用力并保持平衡地搬动积木时,他的大脑为他的感觉运动系统输入了信息。埃文的直觉驱使他搬运积木,这符合他的发展和学习需要,对他的发展和学习最有用。在理解图式游戏之前,德布老师可能会邀请埃文用这些积木进行建构活动。现在,幸运的是,儿童被鼓励按照自己的想法实施行动而不用总是遵循老师的计划,而这样做比教师预设的活动更有影响力。关注儿童在游戏中表现出来的能力,并认可和扩展他们的天赋(即使他们的行为让我们感到困惑),这就是我们想在儿童的学习中扮演的角色。

从这里到那里

盖尔和格丝正忙着把从院子里收集的铲子、动物玩具、水桶、碗甚至大线轴装上他们的卡车。这两个3岁的孩子自豪地工作着,并维护着自己的工作——他们每个人都有一辆卡车来装东西。他们开着卡车在院子里转来转去,收集各种物品,然后在同一地点碰面,比较各自所装东西的数量。他们互相称赞对方找到的物品数量之多,以及他们的卡车能装下这么大的东西:"哇,你能装下这么大的东西,我也要放一个!"

与此同时,在院子的另一边,5岁的孩子们正在探索不同的搬运方式。亚历克斯、亨利和威尔轮流用一个大金属浴盆运送彼此。之后,他们坐在卡车上,让凯尔推着他们快速滑动,刚刚好把车停在沙池边上。这是一个令人兴奋的游戏。伙伴们评论了凯尔的技能:"凯尔,你推得真快!谢谢你没有把我们推到沙池里!"

盖尔和格丝继续在院子里推着他们的卡车走来走去,突然,教室的铃声响了。"点心时间到了。""哦,不!""我们该怎么办?""我们把它们藏起来!"他们把卡车推到大型滑梯附带的隧道旁,把卡车藏在下面。他们一起咯咯地笑着跑向教室。他们很高兴自己认真工作的成果可以被藏起来,得以保存。

第二章　辨识图式——儿童日常挑战性行为背后的秘密

反思与问题

在停下来并运用图式理论观察孩子们的工作之后,我们看到了通过不同方法收集和搬运大量材料对于儿童的重要意义,也看到了儿童乐在其中。在这个故事中,我们可以对比、分析不同年龄的儿童进行图式探索的方式。混龄活动为儿童提供了合作的机会,也让年龄较大的孩子为年龄小的孩子起到了示范作用和支持游戏的作用。同时,教师能够看到儿童许多不同的特长和技能。

我们还可以发现，儿童是怎样在一个活动中同时进行多种图式探索的。年幼儿童的目标明确，就是在他们的卡车里尽可能装满东西（包裹图式）。此外，他们还用强壮的身体把卡车推到院子里不同的地方（搬运图式）。随着孩子年龄的增长，他们探索图式的方式变得更加复杂和有难度。5 岁的孩子搬运彼此，并用各种不同的方式重复这个游戏。此外，当他们用力推着小卡车快速搬运同伴时，他们沉浸在轨迹图式带来的刺激与兴奋之中。在所有这些活动中，我们看到儿童渴望把东西或人从一个地方搬到另一个地方的内在需求。这些活动也展现了儿童的认知能力和身体运动能力，例如，空间意识、比较大小和数量、身体控制能力、轮流、沟通交流和合作等。这一经历提醒我们，给儿童提供空间、时间和各种各样的工具，让他们可以把物品从一个地方运到另一个地方是非常重要的。

> **你将思考**
>
> - 提供不同的可搬运的材料，看看什么材料吸引了儿童？
> - 儿童是如何探索搬运图式的？你看到了哪些细节？
> - 在观察儿童的活动时，想一想儿童可能是怎样想的？
> - 你的同事是如何理解儿童的这类游戏和学习的？他们认为，儿童是在贮藏物品或冒险吗？
> - 你如何与同事合作以便更好地理解这类游戏的重要性？

变换图式

当儿童沉浸于变换图式时,他们的脸上总是带着令人着迷的表情。他们摆弄颜料、水、沙子和黏土,用开放性材料(loose parts)进行建构,并慢慢地研究这些操作带来的显著变化。对于一个刚刚体验到光线和颜色世界的婴儿来说,在闪闪发光的白纸上涂上鲜红和黄色的颜料深深地吸引了他。一小托盘的水和一块干海绵拥有无限"变换"的可能性,引发了孩子们的好奇心。当孩子们用手指搅动水的时候,水就会泛起涟漪,溅起水花。当水珠落到手上的时候,他们的手会感到又湿又冷。对于学龄前儿童来说,把一大块面团变成许多小球是一项严肃的工作。当年龄稍大的儿童把开放性材料变成具有复杂结构的东西或变成他们角色扮演游戏的道具时,他们也被"变换"的力量吸引。通过儿童的眼睛看到的"变换"的魅力提醒着成人,这个世界拥有不可思议的可能性。然而,这种"变换"图式也可能造成乱糟糟的场面,令人烦恼,尤其是当孩子们把食物压碎,把他们的身体埋在泥里,或者把我们精心为他们的艺术活动提供的颜料搅和到一起时。研究照片中的这些案例,看看你是否能识别出这些神奇的时刻;然后,阅读后面的故事来提高你的观察能力,并和孩子们一起感受"变换"图式给他们带来的惊喜。

令人着迷的"变换"

这个星期，孩子们对放在感官桌上的白色玉米淀粉十分好奇。这些玉米淀粉摸起来软软的，但同时又给人砂砾般的感觉。孩子们可以拍一拍、舀一舀它们，还可以把它们铺洒在桌子上。此时，同样吸引孩子们的还有装满彩色水的挤压瓶。孩子们迫不及待地把彩色水喷到玉米淀粉上，观察彩色水混合淀粉并渗入其中所带来的巨大变化。德布老师特意提供了红色和黄色的颜料水，这样孩子们就能观察到这两种颜色会变成闪亮的橙色。颜料水和玉米淀粉的混合改变了玉米淀粉的黏稠度，让它由粉末变成了一种有趣的液体。当孩子们挤压这种液体时，液体会变硬、变干。当孩子们张开手时，液体会变软并从他们的手指间滴落下来。孩子们用充满活力的、科学的头脑去喷色和混合，直至所有的淀粉都发生了变化。他们安静地、全身心地投入这个深度的探究活动。

反思与问题

研究儿童全身心投入的玉米淀粉活动,如何有助于成人发现儿童的观点和变换图式的价值?当儿童运用感官投入活动时,对"变换"的追求是否为他们提供了一种专注地认识和体验世界的方式?当儿童探索自己行为的影响时,改变玉米淀粉的行为如何影响了他们的感受和思维过程呢?作为教师,我们必须不断地回顾"变换"活动的深层意义和价值。经常为儿童提供从事这类工作的机会,需要我们付出精力和勇气。这些材料被弄得乱作一团,需要我们做大量的清理工作。黏糊糊的物质带给儿童的愉悦感,或者把东西弄得乱糟糟的带给儿童的满足感,并不能引起大多数成人的共鸣。训练从孩子的视角去观察世界微小变化的能力,可以大大帮助我们欣赏这些活动的价值,甚至与孩子一起为之惊叹。儿童从最初将手指浸入白色粉末到把手完全浸入色彩斑斓、丝滑的物质中,他们教给我们的是——生活需要我们投入全部的注意力去体验。

"变换"的魅力

孩子们走向桌子,急切地想知道桌子上有哪些材料。纳迪娅老师把装满面粉、盐、酒、塔塔粉和油的容器摆好。"纳迪娅老师,我们今天要做什么?"孩子们问。"我们要做橡皮泥!"纳迪娅老师回答说。孩子们听后高兴地说:"耶!""我想帮忙!""我也是!"他们都挤在桌子周围,等着下一步要做的事情。纳迪娅老师大声朗读了配方,并为所有的孩子分配了工作。他们首先把干的原料混合起来。马里奥自告奋勇地表示他来加水。他小心翼翼地把量杯装满水,然后把水倒进了混合物里。然后是最令人兴奋的时刻——烹制和变换!孩子们看着黏糊糊的液体,安贾莉问道:"我们要怎么做才能把它变成橡皮泥?"纳迪娅老师把平底锅放好,让每个孩子都搅拌了一下并近距离地观察变换的过程。"哇!""啊!""哇!"孩子们看到所发生的变化时都被吸引住了。

反思与问题

儿童喜欢把各种东西混合到一起，无论是食物还是颜料。他们痴迷于看到事物从一种状态变成另一种状态。理解"变换"图式的力量，可以帮助教师从新的视角出发为儿童提供传统的活动，比如，制作橡皮泥。受这一不同视角的启发，纳迪娅老师很兴奋地和孩子们一起工作，体验"变换"的神奇。她和孩子们一样着迷于观察加热过程是如何完全改变材料并把它们变成新的东西的。在这个过程中，孩子们用他们的科学头脑观察、预测以及思考物理科学（从液体到固体的形态改变）。他们使用数学思维来测量和计算需要多少勺和多少杯材料。他们按照配方操作，锻炼了读写技能。

纳迪娅老师关注儿童的兴趣，建议儿童把他们所观察到的变化描述出来。教师以聚焦的方式引导儿童学习。儿童从他们自己发起的图式研究以及与教师的合作中受益。这次活动是由纳迪娅老师设计和引导的，她考虑到了如何满足孩子们活跃的大脑和他们对"变换"图式的痴迷。

第二章 辨识图式——儿童日常挑战性行为背后的秘密

宝物篮

在我们的教室里,艺术区深受这些4—5岁孩子的欢迎。孩子们探索艺术区里的材料,制作出各种各样的东西。今天,伊莎贝拉走到一个装满可回收材料的篮子前,发现里面再次装满了大小不一的纸筒和盒子。"耶!"她喊道。然后,她用一只手抱着她新得到的水獭毛绒玩具,用另一只手在篮子里翻来翻去,收集她最喜欢的东西。伊莎贝拉熟练地用胶带把纸筒和纸盒粘到一起,把这些普通的材料变成一个她和她的毛绒玩具都能用的东西。她飞快地朝教室前面跑去,说:"看我的滑板车!我和我的水獭要去兜风了——待会儿见!"伊莎贝拉的滑板车启发了她的朋友们,他们立刻开始制作其他种类的交通工具。

反思与问题

尽管我们的教室里有大量的开放性材料供孩子们探索和制作,但是仍然有一些可回收材料对孩子们来说意义不同。看到孩子们对可回收材料这么感兴趣,我们决定准备一个特别的篮子来收集这些材料。我们把这个篮子命名为"宝物篮"。教师和家长从家里的可回收垃圾箱里收集各种材料,并把它们带到教室里与孩子们分享。我们惊讶于孩子们用纸板、盖子、帽子、盒子、绳子、夹子和许多其他东西制作的精巧而独特的东西。孩子们运用胶带、胶水和细绳把各种材料连接起来成为一个杰出的作品。通过仔细观察,我们发现,孩子们的目标不只是创造出杰出的作品,还包括如何把各种材料连接起来。"我怎样才能把这个材料变成我所建构的作品的一部分?""我怎样才能把这些材料放到一起呢?""怎样做才能最有效地把它们连到一起?""哪些材料最能让我实现自己的想法?"迄今为止,这个篮子已经在我们的教室里存在一年多了。当我们把新收集到的材料放到这个篮子里时,我们想知道:"今天,孩子们会用他们的想象力和创造力给我们带来怎样的惊喜呢?"

你将思考

如果你还没有"宝物篮",那么就收集一些物品来制作一个"宝物篮"并把它提供给孩子们。同时,还要给孩子们提供连接材料用的不同工具,之后,观察孩子们的活动。

- 孩子们喜欢什么材料?他们注意到了什么?他们是如何谈论他们正在做的事情的?
- 孩子们是如何使用连接图式和变换图式的?
- 你还能提供什么来支持并拓展他们的这一思维和创造力?

轨迹图式

儿童找到无数种方法来移动物体和他们自己。他们兴奋地奔跑、摇摆、推、拉和让自己腾空而起。他们喜欢让球飞起来，让玩具汽车飞驰，或者让积木倒塌。即使小婴儿也喜欢看到奶瓶从婴儿椅上掉到地上。所有这些行为都是轨迹图式的核心。教师们会发现，他们经常与孩子们就他们的轨迹探索行为进行协商，因为这些行为往往是危险的和具有破坏性的。然而，这类行为对儿童的发展至关重要，所以我们应该寻找合适的方式来邀请儿童探索这类图式。研究表明，当儿童被禁止移动时，他们很可能会变得笨手笨脚，很难集中注意力，难以控制自己的情绪，使用糟糕的解决问题的方法，或者存在社会交往困难（Hanscom，2016）。儿童永不停息地想要移动的决心，反映了这些行为对大脑发育具有重要的意义。理解这类行为对儿童的重要性，可以消除我们的担心，并帮助我们支持儿童安全地、有目的地探索轨迹图式。研究照片中的这些案例来识别"轨迹"图式。当你阅读随后的故事时，请注意孩子们的肢体语言和他们脸上的兴奋表情，它们反映了移动身体或者物品对孩子们的重要性。

跳跃游戏

18个月大的韦尔斯急切地爬上了平台,这个平台是德布老师为室内游戏活动设计的,她还在平台的四周放了许多大枕头。韦尔斯站在平台上考虑着怎样才能下去。跳下去对于刚刚蹒跚学步的她来说是一个危险的举动,因为平台和枕头之间的距离太长了。韦尔斯似乎立刻就明白了这一点,只见她在平台边上坐了下来,小心而勇敢地爬了下去,落在枕头上。这次经历让她兴奋不已,她迫不及待地想再来一次。于是,她再次回到平台上,坐在边上。不过,这次,她兴高采烈地飞扑到枕头上。她玩了一遍又一遍,带着喜悦之情执着地进行着自己的跳跃游戏。

反思与问题

利用自己的身体探索"轨迹"图式所带来的喜悦，激励着像韦尔斯这样很小的孩子去冒险，而这样的冒险对他们的学习和发展至关重要。随着我们逐渐认识到身体运动与大脑发育之间的重要关系，我们看到了韦尔斯的简单游戏背后更深层的意义。当她爬上和跳下时，她的身体技能得到了发展，包括力量和平衡感。这些动作也有利于大脑中神经连接的形成，促进了儿童的注意力和自我调节能力的发展。当她遵循自己发明的游戏顺序时，她其实是在执行自己的运动计划，而这为其他更复杂的思维和计划能力奠定了基础。

当儿童试图进行身体上的冒险时，我们往往会感到担忧。我们本能地想保护他们，而且理由充分——保证他们的安全是我们的工作。然而，韦尔斯最初试探性地跳下平台的举动告诉我们，她意识到了风险并能够评估风险。通过对儿童的多次观察，我们发现，他们往往知道自己的极限，并能将自己的行为与能力相匹配。从出生之日起，儿童就坚持不懈地专注于学习如何移动自己的身体，因此，他们肯定非常了解自己身体的能力。我们必须时刻警惕安全隐患，但是我们在介入儿童的活动之前，应该花时间去观察他们的技能和能力。

在尝试跳下平台后，韦尔斯非常自信地认为她能再跳一次。那种从平台上跳下来、重重地摔在垫子上的快乐让她感到了满足，甚至平静。她正在寻找本体感觉的刺激，而她的身体在着地时受到的震动向她的大脑发送了愉悦的信息。我们可以看到，韦尔斯主动进行轨迹探索的行为、她的勇敢和她的成功是如何让她感到自豪和满足的。这些成就会增强她的自信，让她在生活中热情地接受越来越多的挑战。我们致力于为韦尔斯和其他孩子寻找多种方式，让他们参与轨迹探索活动和其他身体挑战活动，从而促进他们的身体技能和大脑通路的发展。

轨迹中的物理学

当幼儿园的男孩们看到放在滑梯附近的扁平灰箱子时，他们立刻拥有了相同的想法——坐在里面从滑梯上滑下来。这个箱子的宽度与滑梯的宽度完全契合。加维带头在滑梯顶部放了一个箱子。然后，他努力爬到箱子里，准备快速滑下去。令他感到吃惊的是，他和箱子移动得并不快，刚刚滑过滑梯的斜坡就停止了。索耶和瑞安也试过了，结果同样令人失望。于是，新一轮探索速度的活动开始了。男孩们决定不再爬到箱子里，而是试图让箱子自己滑下去。他们又想到，如果在箱子里装满木屑，那么箱子下滑的速度会更快。他们似乎认为，更大的重量会推动箱子滑下去。男孩们想好怎么干后就开始大展拳脚了。他们努力地往自己的箱子里装满木屑，再把箱子一个接一个地放在滑梯的顶部。可是，结果再次让他们失望。之后，他们一直不停地往箱子里放木屑和其他物品，始终相信更大的重量会迫使箱子滑下去。多次尝试之后，他们改变了计划，开始开心地用他们的胳膊和腿来推拉箱子，让箱子按照他们希望的速度下滑。

反思与问题

像这样自发的游戏活动是儿童学习物理概念的最有效方式。我们无法通过传统的课堂教学把物理概念教授给孩子们，而儿童探索轨迹图式的内驱力，促使他们思考运动、速度、加速度、重量、重力和角度等物理概念。他们运用自己的身体和大脑来体会这些概念，分享各自的观点，并共同合作完成任务。我们惊叹于儿童探索世界的内驱力，并且努力让儿童知道："你们是了不起的科学家，能够通过密切观察和实验来学习重力、速度和运动等物理概念。"作为教师，我们已经学习了这些物理概念，所以我们可以给孩子们提供有用的信息。我们也可以寻找更多的方法来提供更多的材料，这样孩子们就可以继续进行这类探究活动。

让人大吃一惊的弹射器

当加文弯腰去拿他的长柄铲子时,他不小心踩到了铲子的把手,导致铲子上的一个塑料小球飞到了空中。这让他大吃一惊。他竟然在无意中制造了一个"弹射器"。这一发现让加文兴奋不已,他把他的朋友纳扬叫来演示给他看。这次,他小心翼翼地把铲子放在沙坑边上,把球放在铲子的顶端,然后使劲一踩,只见球"嗖"的一声飞向空中!男孩们欢呼起来:"我们再来一次!"纳扬跑去把自己的铲子拿来,然后他们把铲子并排放好。一群孩子和老师围过来,大声喊道:"预备,开始!"加文和纳扬用力踩铲子的把手,让球飞了起来。他们急切地追着球,想再玩一遍!

反思与问题

在发现了"弹射器"后，纳迪娅老师跟孩子们一样感到很兴奋。从孩子们的角度来看，把游戏中获得的极大快乐自豪地与朋友、老师分享是一种多么美妙的感觉！同样值得关注的是加文的能力，他努力弄清楚了是什么原因让球飞起来，并再次让球飞起来以指导他的朋友。旁边围观的孩子们羡慕地看着这些男孩使出浑身解数踩铲子。当球飞向空中时，他们兴奋不已！

儿童天生就喜欢扔东西。我们已经知道，儿童寻找不同的方法来扔东西是他们探索轨迹图式的重要内容。既然孩子们已经发现了让东西飞起来的新方法，我们很好奇接下来会发生什么。

你将思考

- 你看到孩子们是如何利用力量和速度让物体飞起来的？
- 对于孩子们的轨迹图式探索，你有什么反应？为什么？
- 理解轨迹探索对于幼儿的重要性，是否加深了你的认识？
- 你会如何协调孩子们的安全与他们必须进行的对大脑发育有重要意义的探索之间的关系？
- 你会提供哪些材料来鼓励孩子们以安全、复杂的方式探索轨迹图式？试一试，并研究出现的情况。

旋转和循环图式

儿童喜欢快速旋转,直到头晕目眩才会停下来。他们也喜欢从山坡上滚下来,或者转着圈奔跑、跳舞。他们还对探索轮子、球、旋钮以及其他任何可以滚动、转动、旋转的东西有着浓厚的兴趣。他们喜欢观察和创造曲线、圆圈。这些行为都是旋转和循环图式的表现。

为什么儿童对这类图式如此着迷?与前庭系统有关的身体旋转和滚动,有助于儿童在大脑中建立有关平衡和空间意识的大脑通路。儿童享受这种方式的运动,并从本能上明白这种方式的运动对他们的发展很重要。

大量的研究表明,对圆形的偏爱是我们所有人与生俱来的。一项研究发现,5个月大的婴儿对曲线的视觉偏好明显高于直线。通过大脑成像技术,科学家们可以发现被试在看到特定的形状时,其大脑的某些部分会活跃起来。当看到边线和尖锐的线条时,大脑中负责恐惧、焦虑和攻击的部分就会活跃起来。当看到圆圈和弯曲的形状时,大脑中让人感到平静、产生安全感的区域就会活跃起来。其他一些研究则着眼于面部形状是如何显示特定情绪的。它们发现,微笑时,脸呈圆形;皱眉和生气时,脸呈三角形(Lima,2017)。难怪孩子们喜欢圆圈和旋转呢!观察这里的照片,阅读随后的故事,更深入地思考儿童如何以及为什么喜欢探索旋转和循环图式。

与"大象"一起转着圈跳舞

2岁的迪伦和安妮特手里拿着大象形状的喷水壶,围着院子里的小路溜达。忽然,他们开始把大象水壶的鼻子拖到地上。他们注意到了大象的鼻子与地面发出的摩擦声,并开心地听着。这时候,他们发现有水滴从大象的鼻子里流出来。于是,他们一圈又一圈地旋转,让喷水壶的象鼻碰触地面发出窸窸窣窣的响声,并观察他们移动喷水壶时飞落的水滴和在沙地上留下的圆形痕迹。

反思与问题

从表面上看,这是两个孩子偶然发起的活动,但深入思考"旋转"和"循环"图式后,我们理解了影响迪伦和安妮特游戏的更为重要和根本的力量。他们的大脑和身体在那一刻相遇,共同分享着这个有关旋转和循环的神奇连接。他们开放而灵活的大脑捕捉着每一个声音和身体移动的痕迹,他们的注意力被吸引到沙子上的圆圈和他们自己旋转的身体上。他们是在通过研究地面上的痕迹来重新审视自己的旋转运动吗?孩子们在围着彼此兴奋地跳舞的同时,也在做着旋转运动。通过研究图式理论和观察其他儿童的活动,我们看到了儿童在游戏中专注于旋转和循环图式所带来的影响。孩子们在互动和学习过程中的这一有力时刻,让我们惊叹不已。同时,我们也为自己能够目睹这一时刻并理解其意义而满怀感恩之情。

预备，开始

今天，孩子们在院子里展示了一场精彩的合作。威廉站在滑梯的顶端，手里抓着一个大的红色弹力球，黛安娜在滑梯的底部放了一个弹力球，伊莎贝拉用很多球填满了滑梯中间的空档。纳迪娅老师对卡里克的行为感到很惊讶，因为她看到卡里克躲在顶上的第一个球下面。纳迪娅老师意识到，卡里克正在等着把球从滑梯上推下去。孩子们一起数着："五，四，三，二，一，开始！"卡里克满怀期待地使劲推了一下，然后往下滑。随着他的滑动，球跟着他一起滚了下来。然而，意想不到的事情发生了，球从滑梯的一边飞出去了。孩子们看到后高兴得欢呼大叫。他们热情满满地决定再试一次。更多的孩子注意到了他们，迫不及待地想观看他们"表演"。他们轮流承担不同的工作来继续这个游戏。在接下来的一轮游戏中，黛安娜把球放在了滑梯的最上面，卡里克把球放在滑梯的底部，威廉则把球塞到了滑梯的中间。这回轮到伊莎贝拉把球滑下去了。"预备，开始！"当她加速下降时，球跟着一起滚动，再次飞出了滑梯。孩子们急切地盼着再玩一轮，不久又有许多孩子加入了这场激动人心的游戏！

反思与问题

这个游戏是孩子们发明的，他们用一种新颖而令人惊奇的方式玩这些球。我们的反应通常是质疑孩子们使用材料的方式："难道孩子们不是应该坐在球上弹来弹去吗？因为我们投放球就是打算让他们这样玩的。"当我们从这种预设的角度来回应孩子们的想法时，我们经常对孩子强加一些规则。但是，如果深入思考一下，我们就会发现这些规则似乎是不必要的，并且会限制孩子们的体验。近几年来，我们机构的幼儿教师一直在反思我们强加在幼儿身上的材料使用规则。我们带着开放和好奇的眼光花时间观察孩子们的游戏，开始欣赏孩子们灵活的、创造性的思维。现在，我们着迷于研究儿童是如何想出这些非凡的点子的。

当孩子们发明这个游戏时，他们注意到了什么，想到了什么？旋转和循环图式对他们的吸引力是否激励了他们？院子里这种又圆又重的球有很多，而且它们的体积几乎和孩子们一样大。要想和球一起滑下斜坡，孩子们需要进行复杂的思考、身体动作灵活以及共同合作。当孩子们把球放在正确的位置上，使其与身体一起移动时，还涉及定向和定位图式。当巨大的球从滑梯上滚下来进而飞出去时，轨迹图式给他们带来了巨大的刺激。

创造性思维和创造力是儿童与生俱来的能力。这也是他们生活和学习的方式。当我们长大后，我们往往谋划着用"正确的方式"来做事。我们想知道如何才能重新像这些孩子这样思考，所以我们要认识到并能够帮助儿童发展他们非凡的学习能力。

你将思考

- 对孩子们发明的玩球游戏，你的反应是什么？
- 哪些细节显示了孩子们的技能和能力？在这个游戏中，你能识别出哪些图式？
- 站在孩子们的角度，你会如何描述这次经历？你班级里的孩子是如何使用旋转和循环图式的？

围合和包裹图式

儿童似乎有一种精神上的追求，那就是往一个洞里填满东西或者爬到一个舒适的空间里面。数一数我们有多少次看到孩子们把附近的物体放到杯子、碗和容器里，或者看到他们有多少次爬到盒子、橱柜、帐篷或其他小空间里。孩子们会用积木为动物玩具或他们自己搭建围墙，也会用橡皮泥把石头完全盖（包裹）起来，或者为他们的绘画作品画一个边框。孩子们会把布覆盖在物体和家具上。一个蹒跚学步的孩子会把敞开的容器戴在头上。这些都是围合和包裹图式的一部分。孩子们为什么会有这些图式行为？其根本原因是什么？很明显的一点是，孩子们正在学习如何将他们的身体和其他物体嵌入周围的空间，进而培养空间推理能力，而空间推理能力对儿童在空间中的自我协调能力以及数学技能的学习至关重要。往洞里填满东西带给幼儿的极致满足感，不亚于完成一幅拼图带给成人的满足感。此外，把东西完美地嵌入一个空间，还会让儿童获得一种掌控感。

世界很大，但是儿童很渺小，因此，在一个舒适的小空间里度过一段时间有助于儿童获得安全感。围合与包裹也为儿童的本体感觉系统提供了信息，促使本体感觉系统向大脑发送令人平静下来的信号。拥抱和包裹会影响人的本体感觉系统，因此它们长期以来一直被用来安抚哭泣的婴儿。儿童是不是正在通过围合与包裹行为来让自己获得这种抚慰感呢？当你研究以下照片中的儿童探索围合与包裹图式的行为时，你有什么想法？阅读后面的故事，去了解更多的信息吧。

泰迪熊都到哪里去了

今天上午，小班的几个 3 岁孩子来到纳迪娅老师所带的 5 岁孩子的班级玩。埃梅特和艾沙径直去了角色扮演区。她们无论在哪个班级，都最喜欢去这个区域。她们把角色扮演区的服装尽可能都穿在身上，然后一起照镜子，放声大笑。接着，她们穿上漂亮的鞋子，把照相机、电话、食物和医生用的工具不停地塞到手提包里。与此同时，格丝和亚辛在摆弄投影仪。亚辛把透明的泰迪熊和其他动物玩具排成一排，然后把其中一些放到透明的小盒子里。格丝带了几只动物玩具来到乐高区的小地毯前。他小心地把这些玩具放到一辆玩具车上。埃梅特和艾沙走过来想看看她们的朋友正在做

什么。当亚辛和格丝看到她们穿着这么多层的衣服，手里拎着装满东西的手提包时，他们笑了起来，加入了她们的装扮游戏。这四个小朋友在一起玩了 30 分钟，打扮彼此，往包里塞东西，抱着布娃娃在教室里走来走去。离开的时间到了，他们尽可能地把材料收好，然后回到自己的教室。

这天晚些时候，5 岁的安和莉来到投影仪前。她们发现，所有新的泰迪熊玩具都不见了！她们找遍了教室的各个地方都没有找到。这真是一个不解之谜！接下来的一周，孩子们在角色扮演区举办了一个茶话会。他们为参加这个茶话会精心打扮着自己，挑选着手提包。很快，他们对教室里的其他孩子说："我们找到泰迪熊了，它们都在手提包里！"孩子们和老师都笑得很开心，因为他们知道是他们 3 岁的朋友们把所有的泰迪熊都塞进了每一个袋子和手提包里。这个谜团解开了。

反思与问题

在创设教室环境时，我们密切关注5岁儿童的能力和兴趣，并精心选择能够挑战儿童的、让他们有机会玩复杂的开放性游戏的材料。在这一学年，低年级的孩子们经常到我们的教室来玩。我们热忱地欢迎他们，并惊讶地看到他们如此有能力地使用空间和材料。我们仔细观察他们的游戏，并在他们的游戏中看到大量的图式探索行为，如搬运、定位和变换。我们发现，最有趣的图式是围合与包裹。当我们找不到自己最喜欢的东西时，我们感到很沮丧；然而，在低年级孩子们离开几天后，当我们发现手提包和袋子里塞满了泰迪熊玩具时，我们开怀大笑。图式理论让我们顿悟，它帮助我们理解了儿童有"往空白空间填满东西"的需要。在了解了这些重复的行为有助于孩子们的大脑建立重要的连接后，我们会有意识地投放材料。我们一直在为幼儿探索围合与包裹图式寻找机会，会提供开放性材料以及钱包、背包、碗、盒子和卡车等。现在，我们和班里的孩子们都乐于发现这些3岁的孩子每天都在围合与包裹什么物品。我们班里5岁的孩子们也开始理解并欣赏他们年幼的小伙伴的游戏与学习方式。

小洞

今天,蹒跚学步阶段的几个孩子在画室里专心致志地做着一项有难度的事情,他们要把大头针穿过形状各异的木片上的小洞并插进软木板里。德布老师发现这几个孩子对使用真实的工具很感兴趣,于是为他们提供了一款专为这个阶段孩子设计的锤击玩具。然而,让德布老师再次感到惊讶的是,这些18个月到24个月大的孩子对挑战更感兴趣,他们更喜欢运用精细运动技能把大头针插到小洞中,而不是用锤击玩具敲击大头针。对于这些孩子来说,光是把大头针拿起来就很费劲,更何况要把大头针插进木片上那些非常小的洞里了。孩子们用了很多方法来控制他们的手和集中注意力。有的孩子把木片举到眼前,近距离地观察小洞。另一些孩子则用一只手扶住木片,把木片固定在软木板上,再把大头针插进洞里。孩子们仔细地判断着软木板上哪里还有足够的空间来摆放更多形状的木片。画室里寂静无声,孩子们安静地工作着。这个活动持续了足足四十多分钟。

反思与问题

我们惊叹于孩子们面对挑战时的强大内驱力和毅力,而许多人认为这是这个年龄段的孩子所不具备的能力。有些人甚至认为大头针太危险了,担心孩子们受伤。然而,我们思考的是,是什么在吸引着孩子们一定要把大头针插到小洞里。我们知道,围合图式探索对孩子们来说具有不可抗拒的吸引力,但是他们专注于这个任务的原因要更复杂。是因为这个任务对他们来说是一项巨大的挑战吗?是因为孩子们与生俱来的想体验新活动的执着吗?目前的大脑研究表明,的确是这么回事。婴幼儿会不断地被新材料和新环境吸引,并寻求多种方式与新环境、新材料互动。当孩子们把大头针插到洞里时,你认为他们正在学习哪些品质和技能呢?

洗澡时间

纳迪娅老师想邀请孩子们一起把小桶清理干净。之前做实验时，小桶上留下了一层粉笔灰。纳迪娅老师准备了一个大的金属桶，里面装满了肥皂水和刷子。几个3岁的孩子高兴地接受了擦洗小桶的工作。纳迪娅老师离开了，让他们独立完成这项工作。当纳迪娅老师带着更多的需要清理的小桶和铲子回来时，她大吃一惊。孩子们没有清洗水桶，而是在洗澡！他们的脸上挂着灿烂的笑容，一次两人，轮流挤进大桶里。他们把粉笔涂在腿上和胳膊上，然后用刷子把它们擦掉。

反思与问题

纳迪娅老师想了一会儿，笑了。她在想什么？当然，洗澡比刷小桶有趣得多！儿童完全沉浸在这个有着温暖的肥皂水和刷子的感官活动中。我们已经发现婴幼儿会围着动物玩具搭建围栏，或者给他们的绘画作品画个框。在这个故事中，金属大桶包围着幼儿的身体，幼儿的身体被泡沫水包裹着。这次活动提醒我们思考，儿童的大脑是如何工作的以及他们的大脑是如何让他们看到材料所具有的不同的可能性的。

> **你将思考**
>
> 当你观察孩子们并为他们探索围合与包裹图式做计划时，应思考这些问题：
> - 我们能为孩子们提供什么样的机会去探索围合与包裹图式？
> - 孩子们是如何向我们展示这种游戏的重要性的？
> - 当孩子们采用我们预期之外的方式使用材料时，我们该怎么办？对孩子们说"不"可以吗？

连接和拆分图式

儿童是聪明的学习者。他们在探索周围世界的过程中，尝试各种想法并巩固自己的认识。他们使用的基本策略之一是把东西放到一起，再把它们分开，通过连接和拆分图式研究材料是如何被连接的，以及它们之间的关系。当孩子们玩火车玩具、乐高玩具、磁铁和其他建构玩具时，我们可以在他们身上看到对连接和拆分的内在需求和渴望。运用这种图式的儿童也会痴迷于用胶带、胶水、绳子或丝带等材料把东西粘到一起。我们看到学步儿花了几天的时间来掌握如何使用胶带。当我们指导学龄前儿童学习使用胶枪时，他们对胶枪所具有的连接功能欣喜若狂。孩子们喜欢把绳子缠在物品和家具上，或者把绳子、皮带系在他们的毛绒玩具上，然后拖着它们在房间里四处走动。把物品分层摞起来也是这种图式的一种表现。孩子们会把积木、石头摞起来并使之保持平衡，或者把物品一层层地叠放在一起。

对儿童来说，拆分与连接一样有趣。把东西撕成碎片、把积木推倒以及把东西摊开，都是令成人恼火但令儿童兴奋的事情。连接和拆分图式的另一种形式是组装和拆卸。儿童会收集材料，把它们堆在一起，然后再开心地拆掉这一堆东西。我们老师幽默地把这些堆在一起的材料称为"学习堆"，给儿童制造"大堆"的探索行为赋予了更多的意义。

理解图式游戏的重要性，有助于我们认识到所有这些活动都能促进儿童的发展。通过连接和拆分、拆散以及组装和拆卸，儿童发展了问题解决能力，理解了因果关系，练习了分类技能，并学会了如何安全有效地使用工具。在以下照片中寻找这些图式并研究随后的故事，以便更深入地理解孩子们所进行的这些有趣但有时又令我们抓狂的活动。

我正在制作一个包裹

孩子们通常对教室里的创造区很感兴趣。我们在这个区域里投放了许多可回收的开放性材料、自然材料以及建构用的工具。3岁的伊夫利纳特别专注于学习如何使用创造区的胶带。她一直在试着把胶带展开,用剪刀剪下来,然后小心翼翼地把它们贴在纸上,贴出一个图案。这是一个较有难度的任务,但是她的尝试得到了回报。今天,她决定使用这种新技能做一些更具挑战性的事情。她把纸的两边折起来,然后一点一点地剪下胶带,用胶带把纸的两边粘起来。她一边做一边说:"我正在做一个包裹。我要把它送给我的爸爸妈妈,他们会对我说:'哦,谢谢。'"她研究着自己的作品,然后咧着嘴笑着大声说:"当他们打开它的时候,他们会说:'哦,不,里面什么都没有!'"她想象着父母打开包裹的那一刻惊讶的样子,哈哈大笑。

反思与问题

　　创造区的胶带和其他材料，对于儿童探索连接和拆分图式非常有用。伊夫利纳喜欢一遍又一遍地把胶带粘在各种各样东西的表面，然后再把它们撕下来。她一直采用这一富有挑战性的方式使用胶带来探索连接和拆分图式。当她更小一点的时候，德布老师需要帮助她把胶带撕下来，因为她的精细动作发展水平还无法支持她这样做。现在她3岁了，她决定学习并掌握这一技能。她很高兴自己能把胶带剪断来制作一些东西。我们看到她的发展有了很大的飞跃，因为她知道她可以用胶带把纸连在一起制作成礼物送给家人。她在使用连接图式时心中有一个目标明确的计划，而长期以来她一直在凭直觉探索和理解这一图式。当她注意到她的包裹里面什么都没有并高兴地预测她的父母会做何反应时，她的幽默感和她从其他角度看问题的能力展现了出来。这几年来，伊夫利纳玩的简单图式游戏是否帮助她建构了更复杂的理解能力呢？现在，她能够运用连接的知识和技能来设计与制作东西。我们也想知道，伊夫利纳已有的包裹自己和其他物品的经验是否促使她对空包裹感兴趣？我们研究了儿童的幽默并认识到，不符合常规的事情会让儿童感到很有趣。收到一个空的包裹就属于这种情况。观察和分析伊夫利纳这种为满足自己的成长和发展需要而产生的本能行为，能够促进我们在实践中继续关注她，允许她主导自己的发展，并为她提供这样的机会。

把材料撒落

德布老师班里的孩子2岁了,可以进行更具挑战性的活动了。德布老师决定把一种名叫科乐思[1]的玩具提供给他们,玩这种玩具需要灵敏的手眼协调能力。这种新玩具吸引了孩子们,他们努力地把各个部件拼接到一起。这些玩具散落在桌面上,激发安妮特产生了一个新想法。她慢慢地把一些玩具移到桌子边上,再把它们推到地上。然后,她怯怯地抬头看了一眼德布老师,发现德布老师正微笑着看着她。安妮特的新点子立即引起了埃文和卡亨的共鸣,他们也把玩具散落到桌面上,看着它们飞落到地上。随着他们把越来越多的玩具从桌上推到地上,他们变得越来越兴奋。埃文和卡亨给这个游戏增加了难度,他们用小棍当工具把玩具从桌上掷到地上。孩子们挥舞着小棍,直到桌子上的玩具全部散落到地上。然后,他们又把游戏延伸到地板上,再一次用小棍把材料撒得房间里到处都是。

---

[1] 科乐思(K'NEX),是美国知名玩具品牌,其玩具是全世界公认具有创意的建构性玩具。——译者注

反思与问题

在了解了撒落是连接和拆分图式的一种表现形式后，我们对故事中孩子们行为的容忍度变得更高一些。不过，在这种时刻，德布老师更希望孩子们不要把玩具弄得满屋子都是。孩子们的这种行为太野蛮了，是对玩具材料的不尊重，甚至存在安全隐患。然而，孩子们经常以这种方式探索世界，这就引发我们进行更多的思考。为什么孩子们对撒落和抛掷物体如此感兴趣？这种玩法有什么重要意义吗？也许，当孩子们让这些材料飞得又远又快时，他们会觉得自己很强大。他们正在探索重力、速度等物理概念。混乱的场面和不知道材料会落在哪里的不可预知性令儿童着迷和兴奋。此外，因为这种行为经常被制止，也许儿童很享受他们表现出这种行为时成人做出的焦急反应。活动中，安妮特抬头看了看德布老师的反应，德布老师的反应似乎成为安妮特行为目标的一部分。但是，安妮特经常在不征求教师许可的情况下就把玩具和材料从柜台上或者架子上推下去，因此，她这么做不仅仅是为了和成人角力这么简单。

我们不必非得喜欢这些探索活动，但我们要理解孩子们与生俱来的渴望进行深入探究的重要性，他们渴望观察行为的因果关系。孩子们在做物理实验的时候，向我们展示了他们的科学头脑。我们由衷地钦佩他们聪明的大脑和灵活的思维。他们通过发明工具使他们的工作更具挑战性,进而增加了游戏的难度。

作为反思型教师,我们停下来思考正在发生的事情,尤其是那些令人棘手的场景。我们扪心自问,我们能从这样的活动中发现什么意义?儿童是如何向我们展示他们的能力和观点的? 我们可能会阻止儿童开展具有破坏性或危险的活动,但是之后我们要问问自己,我们能做些什么来满足儿童的想法,促进他们的能力发展。

现在,我们会设计一些让孩子们尽情撒落东西的活动。你应该怎样在你能够接受的范围内为儿童提供这样的机会呢?

迈尔斯和凯莱布的点子

迈尔斯来到桌旁坐下,桌子上有橡皮泥和各种开放性材料可供他操作。他用橡皮泥搓了许多小球。做完后,他离开桌子来到建构区探索斜板。他审视了大小不同的管子和木板。然后,他把一个大硬纸筒拿到娃娃家,从娃娃家屋顶的窗户把它推了进去。他回到桌子那里去拿用橡皮泥做成的小球。然后,他把小球放在管子上,用它们沿着管子连接了很多动物玩具和人偶。他邀请凯莱布加入他的游戏。他们一起合作,在纸筒上用橡皮泥连接了更多的东西。他们兴奋地讨论着接下来要做的事情:"我们把家具也放在上面吧!再放更多的虫子!"之后,他们一起自豪地实施这个新点子。

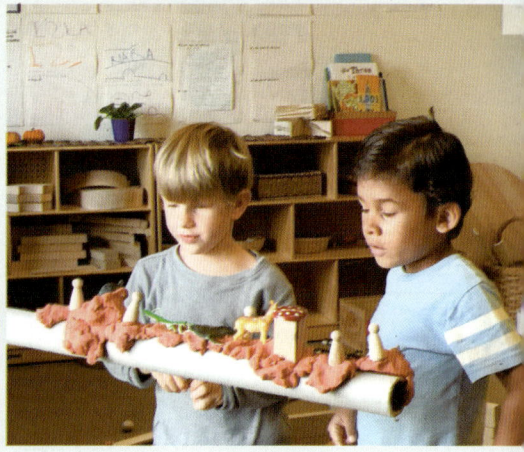

反思与问题

上午,我们通常会安排开放性的触觉体验活动。触摸材料和对材料做出改变能有效地平复孩子们的情绪,尤其是在孩子们与父母道别之后。纳迪娅老师通过桌面布置邀请孩子们使用各种开放性材料探索橡皮泥。她根本不知道迈尔斯和凯莱布会有一个这么独特的想法。她对他们正在做的事情极其好奇。孩子们一般不会把橡皮泥从桌上拿走。纳迪娅老师几乎立刻就要阻止他们,但她决定再看看。迈尔斯和凯莱布使用各种各样的材料制作了一件令人吃惊的作品。他们巧妙地把橡皮泥当作胶水把动物玩具"连接"到纸筒上。这些孩子就是创造者!他们从不重复创造同样的东西。他们每天的工作都会给我们带来惊喜。迈尔斯和凯莱布教会我们,在为孩子们提供了开放性材料之后,要耐心,要灵活变通,要去欣赏图式探索的各种可能性。我们看到孩子们的活动远远超越了我们的想象。想想看,纳迪娅老师差点阻止了他们的创造!

你将思考

- 这次活动是如何支持这一观点的,即儿童利用图式来了解周围的世界?在这个活动中,你有没有看到儿童对如何使用这些材料进行预测并进行相关的探索?
- 纳迪娅老师还能为迈尔斯和凯莱布提供哪些材料和机会,让他们体验新颖而独特的连接和拆分活动?
- 这两个男孩的想法如何促使你重新思考儿童的材料使用方式,或者支持你之前的思考?

定位和排序图式

儿童持续不断地通过观察事物的相似性和差异性以及对事物进行排序和分类来了解这个世界。他们就是这样获得对人、其他生物和物体的认识的。儿童对物体进行分类,并仔细地将物体排成一排、摆成一个图案、按照某种顺序排列。这样的定位和排序的图式行为,加深了我们对儿童拥有的学习天赋的理解。

在日常工作中,我们常常惊讶于儿童对顺序和美的关注,也常常惊讶于他们在游戏中使用材料设计出的具有美感的图案。艺术家使用的创意设计元素似乎天然存在于儿童的定位和排序工作中。当我们研究儿童为了满足他们的心智发展而做出的努力和尝试时,我们发现他们在定位和排序活动中,既凭直觉同时也有意识地关注颜色、形状、线条、大小、图案、纹理、空间、形式、统一性和平衡(Brommer,2010)。

我们惊奇地发现,儿童小心翼翼地将物体摆成某种图案或排成一排。我们观察到儿童把玩具、书或其他物体排成一排,然后把它们上下放置、前后放置或者左右放置。儿童会根据大小、颜色或形状对物品进行排序。他们还会对收集来的漂亮的开放性材料进行布置,装饰橡皮泥和他们的建构作品,以及在涂鸦或绘画时画出各种图案和一排排的东西。花点时间看看这里提供的照片,然后阅读儿童使用定位和排序图式进行复杂工作的故事。看看你是否能在这些照片以及对儿童工作的描述中识别出设计元素。

/ 多一本图书，陪伴您的育儿成长 /

图书咨询：18610088465（微信同号）

万方

万方教育微信公众号

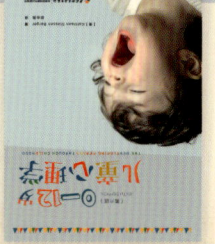
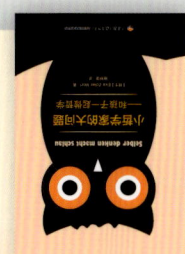

一丝不苟地工作的杰弗里

今天，2岁的杰弗里的探索活动向我们表明，他一直以来就是以这样令人着迷的方式玩游戏的。今天，桌上的塑料鸡蛋和容器引起了他的注意。他特别喜欢那只破了的、上面有洞的蛋。他开始慢慢地、一丝不苟地把鸡蛋壳剥开，再把蛋壳一片一片地叠在一起，放入容器。在完成这项任务后，他把蛋壳碎片从容器里拿出来摊放在桌子上，仔细检查，然后又把它们放回容器里。整个过程中，杰弗里的手部动作优雅，手眼协调能力很强。在这一过程中，他的动作非常缓慢，他会停下来注意操作的每一个细节，检查材料，思考自己的行动，直到他对结果满意为止。他至少花了20分钟做这件事。

反思与问题

我们非常重视爱护各种材料，并经常提醒孩子们要小心使用材料。由于杰弗里强烈的兴趣和出色的工作，德布老师没有干涉他。再说，"鸡蛋"已经碎了。很显然，在这个游戏中，杰弗里没有任何随意的行为。我们在他的操作过程中可以看到他的意图，同时应该深入思考杰弗里深层次的、内在的、有明确目的的想法，以及他正在探究哪些抽象的点子、模式和概念。杰弗里在这次操作中被许多图式吸引。定位和排序图式似乎是核心。他小心翼翼地把蛋壳剥开，接着有意识地把它们完美地叠在一起。然后，他再把它们摊在桌子上。之后，他又把蛋壳一层一层地放在容器里重新摆好。他一边把鸡蛋剥开，一边认真地研究它的变化过程。他喜欢把蛋壳连接起来，再拆开；也喜欢把一片片蛋壳摞起来，再把它们拆开。当他把蛋壳碎片从桌子和容器间拿来拿去（搬运图式），最后装进容器里时（围合图式），他感到很满足。杰弗里出色的精细动作能力和他认真的态度让我们猜想，他未来也许会成为一名脑外科医生。你认为呢？你如何进一步支持杰弗里对定位和排序的兴趣呢？

我的南瓜地

本来到桌旁，立刻用手小心地将动力沙¹铺开。他摆弄着托盘里由丙烯酸纤维材料做的南瓜、软木塞和木环。之后，他开始一次拿起一个南瓜，把它们放到沙子里。他若有所思地把南瓜一个挨一个地摆成几排。接着，他又摆了几排橡子。最后，他在沙子上用软木塞建造了一堵墙。本对自己的工作很满意，他抬头环顾四周看看是否有人，然后骄傲地说："谁想来看看我的南瓜地？"

---

1 动力沙（Kinetic Sand），又叫活力沙、魔法动能沙、会呼吸的沙子，具有不粘手、易收拾、塑形效果好、流动性好的特点。——译者注

反思与问题

我们被本对细节的关注和他的设计吸引了。当他仔细地排列南瓜和其他材料时,他正探索着定位和排序图式。我们经常感动于儿童作品的美,就像这个故事里本设计的作品。儿童摆弄材料时对形状、大小、颜色和质地的专注,在让他们感官上感到愉悦的同时,也给我们带来了感官上的享受。当我们观察儿童使用排序和定位图式时,我们了解了哪些材料可以引发儿童进行这类创造性工作。我们逐渐认识到,为儿童提供的各种材料要能满足其大脑发展的需求。在这个故事中,动力沙是一种强有力的感官探索材料,因为儿童可以运用多种方式改变它。本把动力沙作为他设计的基础材料,反复摆弄它以支持他不断生成的想法。桌面上的其他材料是开放性的、闪闪发光的、五颜六色的,并且有许多不同的形状和质地。这些材料似乎在与本对话,邀请他来研究它们的属性,判断它们相同还是不同,并利用这些信息来计划如何进行创作。在这个图式游戏中,本还探索了排序、分类和大小等数学概念。寻找材料,把这些"宝物"提供给儿童,并观察他们以令人惊奇的方式操作它们,是我们作为教师感到最满意的工作内容之一。

你将思考

思考以下问题,邀请你班里的孩子通过定位和排序图式来探索美和设计:
- 你的教室里的哪些物品能吸引孩子们去探索定位和排序图式?
- 孩子们是如何利用这些材料的属性来进行定位和排序的?
- 你还能为孩子们提供哪些材料和活动来探索定位和排序图式?去大自然、旧货店和艺术品商店,寻找有趣的开放性材料。观察孩子们如何使用这些材料,以便帮助你进行更多的研究和学习。

定向和视角图式

儿童比成人看到、听到更多信息，也比成人能更充分地感受和体验这个世界。他们的大脑始终处在建立各种连接的过程中，从而帮助他们理解周围的感官世界。因此，他们天生就会使用定向和视角图式理解周围的环境，也就不足为奇了。儿童不断地寻找从不同的角度看事物的方式。为了从多个角度理解世界，儿童玩感知和定向游戏，让自己摆出各种有趣的姿势。他们可能爬到高处或者躺在地板上看世界。他们可能从自己两腿间的缝隙，或者倒挂在攀爬架上看世界。他们还将物体或自己的身体置于不同的地方和位置。藏在家具下面、倒挂着，或者从攀爬架上或平台上看过去，这些动作都是定向和视角图式的一部分。儿童也会反复把东西放到他们的眼前看，通过放大镜或一块半透明的布看，或仔细地照镜子。我们一直对儿童的视角很好奇，因为我们知道他们对世界的认识和看法与我们截然不同。当你研究这些照片和阅读这里的故事时，看一看关于儿童的定向和视角图式探索，你能发现什么。

好玩的阳光

在这个寒冷的冬天的早晨,太阳的恩赐给托儿所院子里的每个人都带来了快乐。受此启发,德布老师在金属拱门上悬挂了彩色玻璃纸和闪闪发光的珠子,邀请孩子们关注太阳光。孩子们立马接受了邀请,把自己包裹在光的魔法里。他们陶醉于这个充满活力的世界,很高兴自己成为这个世界的一部分。他们也停下来研究自己的动作及其发出的声音。当孩子们透过半透明的材料看到彼此时,他们特别开心。他们没有冲过障碍,相反,他们慢慢地移动着身体,留意着他们的全部感官体验——当闪亮的珠子和皱巴巴的纸从他们的头上和身上滑过时,他们看到了什么、听到了什么和感觉到了什么。他们脸上带着梦幻般的表情,一次又一次地重复着这种体验。

反思与问题

当孩子们比我们更深入地听到、看到和感受一些事物的时候，他们的想法和认识会是什么？这个活动提醒我们，这个世界是多么的奇妙。这不仅是一个简单的感官体验活动，也反映了儿童的审美发展。美学是哲学的一个分支，它研究的是地球上美的本质。感官体验向大脑输入信息，而审美体验是对输入的感官信息做出的情感和智力反应。就好比，当我们看到海上美丽的日落并思考它对生命的意义时所产生的强烈情感。我们认为和孩子们在一起的这些时刻是在对美学进行研究，对地球之美进行研究，我们也喜欢分享我们的全部身心感受到这种美时的激动心情。

定向和视角图式似乎对儿童的这种体验至关重要。儿童寻求以新的方式看世界，而珠子和玻璃纸为他们提供了一种神奇的方式来实现这一点。我们也想知道，在这个游戏中，儿童对包裹图式和变换图式持续探究的需求是如何激发他们游戏并帮助他们维持游戏的？与珠子"共舞"以及将自己"包裹"在感官环境中，是如何影响儿童的感觉运动系统和大脑发育，并最终帮助他们形成对这个世界的"视角"的？能够看到并欣赏多元视角，是我们在这个多样化的世界中与他人和睦相处的一个重要方面。

我们做到了

安和莉不是单杠游戏的新手。事实上，在过去的两年间，她们一直是这里的常客，我们甚至可以称她们是玩单杠的专家。在多年玩单杠的经验基础上，今天莉发明了一种新玩法。她悬吊起自己，然后向后翻转。"你是怎么做到的？"安问。莉描述了做法并为她做了示范，还多次给她演示翻转的动作。安不停地尝试，但就是翻转不过来。莉鼓励她说："你只要不断练习就行了！"几分钟后，安兴奋地尖叫起来："我做到了！莉，看，我做到了！"在翻转了几圈之后，安很有信心，她建议她们玩一个新的游戏："我们翻过来后，玩击掌游戏吧！"这个新游戏要求儿童在倒挂身体的同时玩拍手游戏。这也启发了其他孩子。当悬挂在单杠和其他攀爬设施上的时候，他们也可以玩新游戏。"我们翻转后碰触一下额头吧！"洛拉邀请阿里一起玩，她已经准备好迎接挑战了。他们小心翼翼地协调动作，以免头撞在一起。他们试了好几次，很快就宣布："我们做到了！"其他小朋友都为他们欢呼起来！当然，他们也发明了更多的游戏。

反思与问题

这一引人注目的单杠游戏，展示了儿童对定向和视角图式的探索。进行这样独特而冒险的活动，对儿童来说并不容易。纳迪娅老师担心孩子们的头部会受伤。但是，当她看着这些孩子时，她发现他们具备控制自己身体的力量和灵活性，能够把身体悬挂成不同的姿势，可以熟练地旋转和翻转身体以获得令人兴奋的视角。他们明白，他们必须清晰地沟通并就规则达成一致意见，要能够同时让他们的身体倒挂。难怪当他们在这些冒险性尝试中获得成功时，他们会如此兴奋。当孩子们快速地来回移动身体时，他们还探索了轨迹和旋转图式。

作为成人，我们再也不会以这种方式转动身体。当你能调整自己的身体，以便从一个新的视角去看周围发生的事情时，你会有什么感觉？当孩子们兴高采烈地用他们的身体探索不同的视角时，他们肯定会在大脑中建立起新的连接。

你将思考

- 观察你班上的孩子们,看看他们尝试探索定向和新的视角的不同方式。试一试孩子们的探索方式,以便从新的视角看世界。
- 你从这些经历中获得了什么样的想法或感受?它是怎样帮助你了解幼儿的心智发展的?
- 你如何在自己的成人生活中找到方法来体验定向和视角图式?
- 为什么采取多种视角很重要?

第三章

图式探索——儿童学习与发展的强大动力

对儿童图式探索的理解增强了我们的信念,即儿童生来就会做他们学习和发展所需要的事情。儿童的图式探索无处不在。我们已经认识到,图式在许多领域激励和支持儿童的学习。我们观察到,儿童在图式探索中获得了以下发展:

- 驱使身体活动,以促进大脑的健康发育。
- 引发社会交往与合作。
- 建构数学技能。
- 促进艺术探索。
- 丰富假想游戏的情节。
- 推动长期的探究。

本章提供了以上各个方面的游戏故事,以及我们对图式探索如何促进儿童各领域发展这一问题的反思和理解。

图式驱使儿童的身体活动,以促进大脑的健康发育

在研究图式理论的过程中,我们一直在阅读关于身体活动或运动游戏

（active play）与大脑发育之间关系的研究性文章。儿童在不断地进行图式探索的同时，也在不停地运动。当儿童这么做时，保持身体健康、增强身体运动能力并不是唯一的好处。使用图式的身体活动对于儿童感觉运动的发展至关重要。这种身体活动实际上帮助儿童在大脑中建立了重要的神经通路，培养了儿童的专注力、情绪调节能力以及计划制订和任务执行能力（Hanscom，2016）。

从这一角度出发，我们可以看到身体活动和图式探索是如何从根本上相联系的。儿童会把自己"包裹"在一个纸箱里，"搬运"一桶沙子，或者玩"轨迹"游戏，例如，从滑梯上滑下来。他们不断地用自己的身体探索图式。通过对身体活动与大脑发育之间联系的进一步了解，我们认识到儿童图式探索中的运动有多么重要。例如，轨迹、旋转和搬运会引发前庭系统的参与。前庭系统是位于我们内耳的一个复杂系统，由重力感受器组成，用于感知线性运动，如笔直地向前跑、前后摆动、旋转等。前庭系统让我们知道我们的身体在空间中的位置，帮助我们保持平衡和确保我们在环境中是安全的。

围合和包裹涉及本体感觉，它通过信息的输入和反馈告诉我们移动和身体的位置。它的"感受器"位于我们的肌肉、关节、韧带、肌腱和结缔组织中。

当儿童丧失运动的机会时，他们的大脑发育就会受到影响，导致本体感觉系统和前庭系统不能得到充分发展。这些系统不发达的儿童可能笨手笨脚，动作失调，无法控制自己的情绪，难以完成在儿童时期一般儿童可以完成的基本任务和活动（Hanscom，2016）。

作为幼儿教育工作者，我们把大部分时间用来与儿童协商他们的身体活动和运动。强调静坐倾听的入学准备日程表，强调为学习专业技能提供特殊领域和材料的环境评估量表，以及人们对安全和风险规避的日益关注，导致儿童运动的机会大大减少。当教师的工作是阻止儿童运动，而不是计划如何让儿童运动时，儿童就会遭殃。我们需要理解，儿童通过图式探索来移动身体的自然本能，确保了他们的大脑正在建立对今后的生活至关重要的连接。我们充满热情地支持儿童为身体活动而做出的努力。下面的故事反映了我们的经验和思考。

迪伦在学习阅读吗

最近,迪伦的妈妈对德布老师说,她有点担心 18 个月大的迪伦没有花太多时间看书。今天,德布老师注意到"看"只是迪伦读书的一种方式。在推着一辆绿色的卡车上下斜坡的时候,他看到一本书,于是停了下来。迪伦伸开四肢,趴在地上,开始研究朋友马德琳档案袋里的照片。接着,为了寻找一个不同的视角,他站了起来,弯下腰,靠得更近来看,一边看着那页纸,一边保持着平

衡。紧接着,他先是蹲下身子,而后又坐了下来,花了相当长的时间摆弄档案袋。他仔细地检查封面和内页,想知道它们是怎么组装到一起的。最后,他试图把档案袋拆开。他拆开活页夹,接着又查看了塑料套的质地,以及它们是如何随着他的动作而变化和移动的。迪伦完全沉浸在档案袋中不止一刻钟。

反思与问题

迪伦做任何事情都会全身投入。他整天都在想办法活动,他在身体活动中茁壮成长。他与这本书的互动就是一个最好的例子。当前的脑科学研究表明,当儿童运动时,他们更能集中注意力和保持冷静。运动计划——考虑如何移动身体——是其他思维和计划能力的基础。当儿童运动时,他们处理感官信息,并练习对周围环境做出适宜的反应。掌控自己的身体,可以培养儿童的专注力和自我调节能力,让儿童可以控制自己的身体活动、情绪反应和认知反应,这对终身学习和成功至关重要。

迪伦充满活力的大脑正在发挥作用。他通过观察、触摸、移动和拆开,找到了多种方式来审视这本书。定向和定位图式在迪伦的研究活动中很重要,因为他找到许多方式来定位他的身体,以便更全面地研究这本书。他是否天生就知道,这些不同的视角会帮助他看到更多?他的大脑会建立连接,以帮助他以后学习阅读吗?

这个案例说明,身体活动与图式探索是如何共同促进儿童的大脑发育的。我们还有更多的问题需要思考。例如,迪伦持续不断的身体活动以什么样的方式促进了其各个领域的学习?运动是如何帮助他集中注意力和提高自我调节能力的?他利用运动来增进与他人的友谊了吗?我们还能提供什么来挑战他正在发展的能力?所有这些信息都将有助于我们尊重迪伦活跃的身体,而这对于一个人来说非常重要。与其让他坐下来通过静静地倾听来学习,还不如让他充满活力、快乐地运动。这也是我们观察的一大乐趣。

闪亮垫子上的滑行

儿童带着共同的目的，沿着他们特意放在山坡上的闪闪发亮的银色滑垫向下滑行。他们一个接一个地上下移动，用腹部和背部滑行，滑了一遍又一遍——互相鼓励着向前疾驰、翻滚和扭动。有个孩子决定增加一点挑战性，在下滑的过程中提了一个水桶。很快，其他小朋友也都尝试这样玩。接着，他们拿来一大块布，于是游戏又发生了变化。孩子们想出了一个有难度的玩法，即把彼此从滑垫上拉上去、拖下来。尽管这样玩很有难度，但是孩子们认为，只要他们一起努力就可以完成这个任务。

反思与问题

这个故事很好地说明了，图式探索和身体活动如何共同发生作用以促进儿童的大脑和身体发育。儿童被轨迹图式带来的刺激以及身体快速从山坡上滑下时的纯粹快乐吸引。儿童的身体活动涉及本体感觉系统。当儿童伸展身体从斜坡上颠簸着滑下来时，他们的腹部、背部、手臂和腿部接受信息的输入。当他们推拉彼此上下斜坡时，他们也从推拉对方的力量中获得了本体感觉信息的输入。此外，儿童的前庭系统也被激活了，因为他们一起从斜坡上滑下时既要平衡和掌控自己前倾的身体使其停留在滑垫上，又要避免与其他人发生碰撞。所有这些本体感觉和前庭系统的反馈，都加强了儿童大脑中已有的和正在迅速建立的连接。

在这个不平凡的活动中还发生了什么？我们努力想象着，当儿童身处这个长长的、表面凹凸不平的滑道上时，他们看到、听到和感觉到了什么？当儿童被这个丰富的感官世界"包裹"时，他们的大脑发育会受到什么影响？当儿童在滑道上滑下来的过程中看到周围的环境飞逝而过时，定向和定位图式在这里起作用了吗？

你也能感受到儿童强大且灵活的大脑在工作吗？滑道本身就是儿童别出心裁的发明，但是他们仍然通过提着水桶和用布拖拉彼此来增加游戏的复杂性。儿童生来就具有的合作能力也是这个故事的核心。仅使用非常有限的语言，他们就识别并理解了相互之间的图式游戏并共同丰富了这种体验。我们惊喜于儿童愿意受同伴鼓励去尝试新玩法的开放胸襟。儿童愿意帮助同伴来迎接他们为自己设定的挑战，这让我们看到了希望：他们将创造一个更美好的世界。

杰克的"双层床"

孩子们正在教室里忙于各种活动，彼此间低声地交谈着。突然，我们听到了咯咯的笑声。"声音是从哪里来的？"我们很好奇。接着，我们又听到了一个"嘘"的声音。令我们大为惊讶的是，原来是杰克发出的声音。他正藏在鞋架中间！他是怎么把自己的身体挤进这个狭小的空间的？是什么促使他这样做的？其他孩子也注意到了杰克。当我们看到他假装在"双层床"上小憩时，我们都笑了起来。

反思与问题

我们为创设了友好、美丽以及像家一样温馨的环境而感到自豪。每一学年，我们都与教学团队紧密合作，思考我们可以为儿童提供哪些新材料。儿童总是用出乎意料的材料使用方式让我们大吃一惊。尽管鞋架不是用来给孩子们做游戏道具的，但是我们很高兴看到杰克找到了这样一种创造性的方式来把身体塞到鞋架里。把身体塞进鞋架这个小小的空间，对他来说并不是一件容易的事。他需要研究架子的大小，从而确定他的身体是否可以塞进去。再次观察杰克的照片后，我们注意到他甚至还在"床"上放了一个枕头。在学习图式理论之前，我们会感到这种行为令人烦恼而且不安全。现在我们理解了，儿童正在不断地体验、学习如何协调身体与其所处的环境。杰克的"双层床"和孩子们建造的其他"围合"空间是他们接收身体和大脑所需信息的完美途径。设计和建造"围合"空间需要儿童使用"连接"图式。把身体塞到一个小小的空间涉及定向和视角图式，需要空间推理能力和身体的敏捷性。儿童自己搭的小窝和帐篷给他们带来了舒适、平静的感觉，而他们通过"围合"图式获得了这种本体感觉信息的输入。在注意到儿童对这些图式的兴趣后，我们要确保为儿童提供建造"围合"空间的材料（如织物、大积木和大枕头），支持他们运用多种方式来建造藏身之处。

你将思考

以下这些照片展示了孩子们建造的"围合"空间。研究这些照片并思考以下问题:

- 你认为,孩子们在建造这些空间的过程中使用了哪些技能和能力?
- 你认为,孩子们在这些地方游戏时看到和体验了什么?
- 你为班级的孩子们提供了什么材料和空间来进行"围合"建构?观察他们在游戏中是如何使用他们的头脑和身体的。

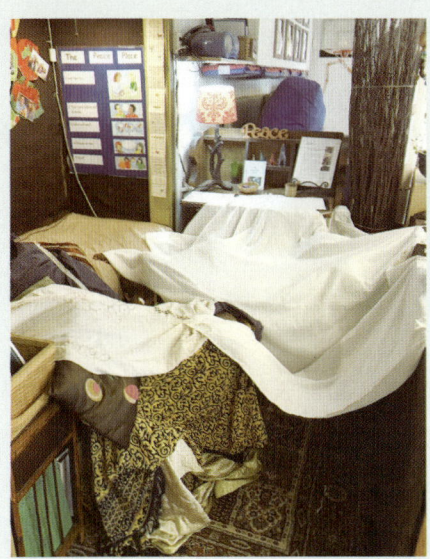

图式引发社会交往与合作

我们机构中的许多孩子个性活泼，经常想出一些令人兴奋的点子，并且渴望实现这些点子。我们发现自己花了很多时间介入他们的冲突，以帮助他们达成共识。最近，我们想要更深入地思考我们可以怎样支持儿童之间的合作，所以我们启动了一个非正式的教师研究项目。我们相信孩子们是有能力的，以此来观察和记录他们的社会交往：孩子们在处理冲突和发展关系方面具备哪些技能和优势？

随着时间的推移和定期的反思，我们对儿童的社会交往与合作能力有了更多的了解。我们记录了儿童在日常交往中表现出以下行为的案例：

- 热情友好。
- 喜欢和别人在一起。
- 选择和大家一起玩。
- 使用非语言沟通手段（肢体语言、面部表情和语调）来了解他人的想法。
- 观察并识别出彼此行动和活动的细节，分享和发展经验。
- 理解幽默并利用幽默与他人建立联系。
- 注意到他人的观点并协调不同的观点。
- 愿意面对冲突并努力解决冲突。
- 渴望帮助他人并努力为集体做出有益的贡献。

当然，我们也看到了他们之间的冲突，但是因为我们正在寻找孩子们的能力表现，所以我们意识到孩子们比我们想象的更能友好相处。当我们不再仅仅关注冲突时，我们就能够看到冲突发生的真实频率。

反思所记录的儿童的许多技能和能力，我们发现，儿童能够识别他人的图式游戏并被他人的图式游戏吸引。图式使儿童能够通过共享思维和行动来建立联系。他们能够看到对方游戏的细节，并很容易地加入对方的游戏。共同进行图式游戏对儿童来说是一件愉快的事情，因为他们可以和其他人建立联系，并一起想出更多的方法来扩展游戏。儿童进行图式游戏时，通常不会使用太多的口头语言。他们很容易识别出朋友们的重复行为并很自然地加入其中，做出有意义的、为大家所认同的贡献。因为语言不是这种合作的必要条件，所以即使年龄小的孩子也可以使用图式探索来与他人建立联系，一起快乐地游戏。

理解共享图式在儿童的合作游戏中是如此重要，有助于我们弄清楚应该如何支持儿童的人际交往。我们可以帮助儿童看到彼此共有的图式想法和行为，而不是关注他们之间的冲突。当我们描述他们所使用的图式时，我们知道他们能够识别、理解并使用这些信息一起推进游戏。

当你阅读下面的故事时，请注意孩子们使用了哪些图式来建立联系、分享想法和拓展游戏。你还可以重温第二章中的故事，以便找到更多的例子。

埃文在哪里

埃文、卡亨和菲比发明了一个游戏，教室里充满了他们的阵阵笑声。埃文把自己藏在大箱子里，然后又立刻跳了出来，令他的朋友们非常开心。他们三个一遍又一遍地玩这个游戏。游戏中，只见埃文藏在那里，然后满怀期待地快速蹦出来。但是，后来埃文改变了玩法。他没有直接跳出来，而是非常安静地躲在里面。"他去哪儿了？"菲比和卡亨很好奇。"他还在里面吗？""埃文在哪里？"几分钟后，埃文从箱子里蹦了出来，让他的朋友们大吃一惊。

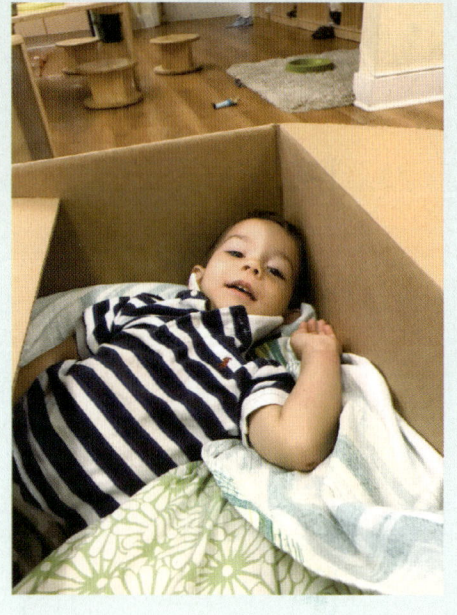

反思与问题

"躲猫猫"游戏很简单,孩子们从婴儿时期就开始玩这个游戏。儿童发展理论认为,一旦儿童发展了"人的永恒性"概念(即理解了即使自己看不到某人,他仍在那里),他们就喜欢一遍又一遍地玩这个游戏。我们相信,这个游戏还有更多的内涵。隐藏在"躲猫猫"游戏兴趣背后的,是儿童从"我们看到彼此"这个简单的想法中感受到的纯粹的快乐。在这个游戏中,埃文、卡亨和菲比使我们想起了人际交往带给我们的深深的满足感。

孩子们都知道如何玩"躲猫猫"游戏,他们似乎也明白如何遵循简单的规则一起玩这个游戏。但是,埃文改变了游戏玩法,他增加了一个有趣的点子。孩子们兴奋地期待着埃文跳出来,同时埃文可能觉得自己非常强大,因为他的朋友们都在等着他、喊着他。因为埃文在箱子里躲了很长时间,所以卡亨和菲比可能一度怀疑埃文是否真的还在那里。这个想法给这个游戏增加了更多的兴奋点,最后当埃文跳出箱子后,给他们带来了真正的惊喜。

这个故事说明,儿童是多么喜欢思考和实践他人的观点(视角)。埃文一定想象过,菲比和卡亨会看到并注意到他的行为。反过来,菲比和卡亨想知道甚至预测了埃文接下来要做什么。大脑研究人员把这种理解力称为"心智理论"(theory of the mind),即我们有自己的想法,其他人可能会分享我们的想法或有不同的想法。这对成人来说可能很简单,但对儿童来说,这是一种新的强大的学习能力,对他们今后的发展至关重要。

当我们使用图式理论来研究这个"躲猫猫"游戏时,我们想知道图式是不是把儿童聚在一起的动力。当埃文藏在箱子里时,孩子们对"围合"的共同理解是否促进了游戏的开始和规则的制定?埃文前一分钟在那儿、后一分钟消失不见,这种"变换"所带来的兴奋感是否帮助孩子们看到并分享了彼此视角?当我们看到儿童在这种共同的图式探索中所获得的深度学习和人际关系时,我们就更加尊重儿童游戏中的重复模式。

过山车

泽维尔在院子里跑来跑去，急切地寻找着杰克。找到杰克后，他兴奋地说："杰克，你得让莉拉看看你是怎么建造过山车的。我告诉她你会建造过山车！"杰克摆出一副很酷的样子，回答说："哦，当然！我可以演示给她看。"杰克告诉他们他需要什么。泽维尔和莉拉开始帮忙收集材料。杰克把他们带到沙坑，并解释了每样东西应该放在哪里。他们一起把许多卡车轮子朝上排成一排，并在上面放了一个金属大浴盆。"莉拉，你先上去。我们带你去兜风。"莉拉笑着跳进浴盆。她紧紧地抓住浴盆的两边，不知道接下来会发生什么。"我们倒计时吧，"杰克建议，"五、四、三、二、一，出发！"孩子们迅速地把浴盆从卡车的轮子上拉过，到了过山车的尽头时，他们小心翼翼地停下来。莉拉尖叫着："哇！让我们再来一次！"

反思与问题

纳迪娅老师永远不会忘记,她第一次看到这个不可思议的过山车的那一天!她刚刚开始与孩子及其家长进行图式的研究。她的同事德布很兴奋地把在院子里拍到的一些图式的照片和视频展示给她看。在一起研究这些照片和视频的过程中,她们能够识别出儿童游戏中的许多图式。孩子们熟练地构思如何利用"连接"和"旋转"图式将材料建造成过山车(变换图式)。"搬运"和"轨道"是孩子们让过山车"飞"起来的关键。纳迪娅看了视频后,惊呆了!她不相信她所看到的一切!杰克何止是具有创造力,他简直是天才!杰克是怎么想到这个主意的?孩子们立刻知道了如何和杰克一起建造过山车。他们为何能如此轻易地走到一起来玩这个复杂的游戏?他们最近坐过过山车吗？这些想法是作为图式游戏的一部分自然产生的吗？要想把这个创意变成现实，需要领导力、合作、交流、问题解决能力、轮流以及耐心。在研究这个案例的过程中，让教师们感触最深的是儿童之间的团队合作和同伴指导。孩子们对杰克的点子有着共同的兴趣，这让他们走到一起探索这个图式游戏。杰克与同伴分享了他的想法，并优雅地带领大家一起建造过山车。孩子们倾听彼此的看法，并邀请年幼的同伴坐过山车。年长的孩子作为积极的榜样指导他们的朋友，并支持他们建造和乘坐过山车这个神奇的装置。

教师们想让整个社区都了解孩子们的令人惊叹的工作！最重要的是，纳迪娅老师想亲眼看看，孩子们会再建一次过山车吗？让他们重新建造它合适吗？也许教师可以把照片打印出来，和孩子们一起研究。第二天，孩子们又开始建造。纳迪娅老师怀着敬畏的心情仔细地观察着孩子们再一次一起建造这令人震撼的过山车。

> **你将思考**
>
> 邀请你的同事和家长一起观察班级里合作开展活动的孩子。思考以下问题：
> - 你看到的哪些细节反映了孩子们知道如何合作与相处？
> - 关于图式探索，你注意到了什么？
> - 图式是如何影响孩子们的人际交往和游戏的？
> - 从这个视角观察后，你有什么新的发现？

图式帮助建构数学技能

当我们发现一项研究描述了儿童如何通过游戏自然地探索数学概念时，我们感到很兴奋。这项研究的结果表明，儿童每天的游戏经历为日后更正式的数学能力和概念的发展奠定了基础。在观察儿童自由游戏的过程中，研究人员发现儿童探索了以下概念（Clements & Sarama, 2005）：

- 分类：按属性把材料归类。
- 大小：描述和比较物体的大小。
- 数数：说出数字、计数、识别物体的数量、读或写数字。
- 力学：把东西放到一起，把东西分开，或者探索物体的运动，如抛掷。
- 模式和形状：辨认或创造模式或形状，或探索几何图形的特征。
- 空间关系：描述或画出一个位置或方向。

我们立刻看到了这些研究结果与图式游戏之间的关系，并开始在教室里寻找相关的例子。当孩子们使用定位和排序图式时，他们就在进行分类、探索大小以及研究模式和形状。当孩子们使用连接和拆分图式以及轨迹图式时，他们就在探究力学。定向和定位图式则帮助孩子们理解空间关系。对数学学习与图式游戏之间关系的深入认识，可以帮助我们更有意识地设计活动和提供材料，以支持儿童的发展。我们渴望找到更多可以驱动小汽车和球的材料，以鼓励儿童在游戏中探索轨迹图式。我们在旧货商店寻找有趣的带盖子和隔板的容器，以及大量的石头和其他开放性材料供孩子们分类。看到孩子们自发地使用我们提供的材料发展这些重要的技能，我们非常开心和欣慰。我们还可以让孩子们注意到他们正在探索的数学技能，进而扩展他们的活动和思维。例如，"当你把这些纽扣按照颜色摆到一起时，你就是在学习数学。"思考下面的故事和第二章中的故事，看看你是否能发现数学技能与图式游戏之间的联系。

"严肃"的研究

今天，20个月大的哈伦花了很长时间来研究如何让小汽车从塑料槽里滑下来。他尝试了许多不同的方法，研究了每一种方法带来的结果。他把塑料槽放在膝盖上，把一辆玩具汽车放在上面，看看会发生什么。汽车移动的距离并没有让他感到满意，所以他改变了身体的角度，创造了一个更倾斜的车道让小汽车滑下去。这次也没有达到他期望的效果，于是他把塑料槽放在地上形成一个坡道让小汽车滑行。再一次，他期望的结果没有发生。于是，他又把塑料槽放回他的膝盖上。这一次，他在膝盖上创造了一个更陡的斜坡，只见小汽车急速地滑了下去。这正是他所希望的！他全神贯注且兴奋地一遍又一遍地让小汽车冲下斜坡。接下来，他利用在这些反复探索中悟到的知识，把塑料槽放到凳子上以保持一个完美的倾斜角度，让小汽车快速地滑下来。

反思与问题

当哈伦运用试误的科学方法验证他的想法和预测时，你看到他那智慧而好奇的大脑在工作了吗？他有条不紊地尝试了每一个方法，仔细观察每一种方法的结果，然后继续用新的方法去探究，直到他得到想要的结果。尽管把塑料槽当坡道放在身体上让小汽车快速下滑对他来说有些难度，但哈伦始终坚持尝试自己的想法。

是"轨迹"图式带来的愉悦感在支持着哈伦持续探索吗？让汽车滑动这一目标促使他运用了许多概念。当他一次又一次地探究什么样的角度可以让小汽车移动时，他正在研究力学和探索物体运动。哈伦本能地调整身体以获得适合的倾斜度，这一做法是"定向"和"视角"图式的表现，在这一过程中，他使用了空间关系、位置和方向等数学技能。

当德布老师观察哈伦时，她很想介入去指导他如何做才能取得成功。然而，在观察的过程中，她看到哈伦对这项富有挑战性的工作没有表现出任何沮丧情绪。他不需要她帮助来解决这个问题。他需要的是充分发挥好奇心、技能和能力的时间。事实上，这个时候的介入可能会阻碍哈伦的主动性，并暗示他的探究超出了他的能力。我们坚信，哈伦的大脑以及他生来就具有的能力和学习倾向，促使他在这次挑战中坚持不懈。哈伦的工作非常出色，我们看到了他的快乐、坚定和满足！谁知道这段经历会不会成为哈伦理解重力和物理学的基础，进而促使日后有可能成为科学家或数学家的他去发明新的方法来改变世界呢？

数学家——卡米拉

在活动室里，卡米拉最喜欢做的事情是探索艺术区里各种各样的开放性材料。她把拼贴画剪成一小块一小块，再小心翼翼地把它们粘在硬纸板或酸奶瓶的盖子上。她在一堆珠子中找到最小的的珠子，把它们粘在纸上，创作了复杂的图案。她看到了材料，并且目的明确地使用这些材料。她创作的作品是独一无二的！最近，卡米拉一直在设计服装和配饰。首先，她把自己的设计想法画在纸上。然后，她把布裁剪成正方形，用胶带把它们连接起来。她把她的设计构思变成各种各样的服装，例如，裙子、围巾。卡米拉也喜欢用独特的方式画画。我们看到她画了三角形，然后不断地在三角形内画更多的三角形，越画越小，直到三角形内再也画不下为止。

卡米拉钟爱排序、摆放和归整。她根据颜色、形状和大小对材料进行分类，创作出非常复杂的作品。最近，她研究了一堆印度手镯，按颜色排列它们，并把它们放在架子上。她还在托盘上把一堆软木塞按照顺序摆放成一个特定的图案。我们惊叹于卡米拉在游戏中的深入思考和她对细节的关注。她的作品总是美得惊人！

反思与问题

家长和教师往往担心儿童在幼儿园的学业技能学习，如数学概念，教师也常常害怕在幼儿园"教数学"。教师应提供各种具有吸引力的开放性材料，让儿童在游戏中以一种自然的方式探究数学概念。大量的研究表明，我们可以通过向儿童描述他们做了什么来提高儿童的数学能力（例如，"哦，卡米拉，我看到你是怎样按照颜色给手镯分类的。""卡米拉，我看到你在测量布，你想找到一个大小合适的尺寸来做衣服。"），这样做比使用讲授式教学法更自然。儿童通过运用多种不同的方法使用材料，向我们展示了他们的大脑惊人的灵活性。这个故事以及本书中的其他故事告诉我们，数学无处不在！我们如何才能让成人看到这些展现了儿童的能力和技能的故事，这样他们就可以放松下来让孩子们尽情地游戏呢？

> **你将思考**
>
> 研究有关卡米拉图式游戏的照片,试着找出她正在探索的数学概念:
> - 分类
> - 大小
> - 模式和形状
>
> 你的教室中的哪些材料有助于引发儿童探索数学概念呢?你还能提供些什么?
>
> 试着用这些材料探索数学概念,你会发现,数学其实并不可怕。
>
> 邀请家长和你一起操作这些材料,帮助他们体验孩子们每天是如何学习数学的。

图式促进艺术探索

有关儿童绘画发展阶段的研究表明,儿童早期的绘画活动是随意的,例如,涂涂画画。在绘画发展的后期阶段,儿童用形状来表征他们所熟悉的物体,这时的绘画作品被称为"图式画"(schematic drawing and painting)。儿童会在脑海中形成一些常见物品的图式,他们明白可以用正方形来画有墙和窗户的房子,或者用圆圈来代表人的头和眼睛。但是,当我们观察和研究儿童如何用重复的动作来探索颜料和画笔时,我们发现他们的行为根本不是随意的。尽管他们的脑海中还没有形成一些常见物品的图式,但是他们仍然使用重复的模式来促进他们的艺术探索。我们相信儿童生来就对艺术元素有自己的理解,如颜色、形状、线条、大小、图案、纹理、空间、形式、统一性和平衡。我们观察到,儿童在进行艺术活动时表现出以下行为:

- 手臂做圆周运动画圆(旋转和循环图式)。
- 将线条和形状连接到一起(连接图式)。
- 在页面的特定位置画线条和标记(定位和排序图式)。

- 围着纸的边缘画线条或者涂色，直到把一个图形填满或用颜料把整张纸涂满（围合与包裹图式）。
- 把颜料和其他艺术材料混合来改变它们（变换图式）。
- 快速地让颜料飞溅出去（轨迹图式）。

也许，这些图式探索活动可以帮助儿童形成一些概念，以用于日后表征常见的物体。或者，他们不是在表征物体，而是在表征他们使用艺术材料经常进行的图式探索。研究下面的照片和故事，看看你能否辨识出儿童艺术活动中的图式。

颜料的变化

卡亨使用蓝色颜料在雪白的纸上画了一个圆圈。然后，他用更多的蓝色颜料填满这个圆圈（循环和围合图式）。当圆圈完全被蓝色颜料涂满后，他就开始在上面涂其他颜色的颜料。他一边涂，一边仔细地观察白纸上颜料的变化以及颜色混合的方式（变换图式）。

反思与问题

虽然卡亨只有2岁，但是我们很难忽视他的认真工作。我们有多少次忽视了小孩子的绘画，认为他们只是在胡乱地涂抹？卡亨先画了一个圆圈，然后再用颜料把它填满。你能从中发现他正在使用变换、围合和循环等多种图式进行艺术探索吗？过去，我们阻止孩子把颜料混在一起。现在，既然我们已经了解了"变换"图式对卡亨大脑发育的重要性和作用，那么我们将致力于给予儿童时间进行这样的探索。当我们站在卡亨的角度去看时，我们明白了这种看似简单的探索活动的神奇之处。他的工作帮助他形成了哪些新的大脑通路？未来，他会利用这些初始经验进行更精湛的艺术创作吗？我们的工作就是发现他的探索活动的重要性，并支持他进行更多的探索。

第三章　图式探索——儿童学习与发展的强大动力

充满激情的艺术家——安妮特

安妮特喜欢画画,只要有机会她就会画。今天,她照样对美术活动很感兴趣。教师提供了粉笔,便于孩子们在水泥地上画画,但是安妮特发现了一个更有趣的画板。她找了几支不同颜色的粉笔,一手拿一支,开始在木板上画线条。木板是教师为其他游戏准备的。她兴致勃勃地在一块木板上画着,然后又转移到另一块木板上涂涂画画。她沉浸在工作中,把两块木板都画满了。她先是半趴着画,此时她的头和脸都被衣服遮了起来;之后,她整个身体趴在木板上移动着画。她聚精会神、坚持不懈地画着,直到最后一分钟。

反思与问题

我们被安妮特创作的热情和投入吸引。她全身心地投入这项工作。图式探索是如何促进艺术探索的?是"围合"与"包裹"图式吸引她伸展整个身体以覆盖那些大木板吗?此外,她还回顾了围合图式,用粉笔在木板上画满了图形。研究这些照片,关注她的大脑是如何"定位"的,以及当她有意识地移动身体来寻找用粉笔画画的空间时,"定向"和"视角"图式是如何发挥作用的。当她用不同的力量改变粉笔的痕迹时,她正在使用"变换"图式吗?仔细观察安妮特的活动让我们认识到,她并不是在随意地涂鸦。图式探索加深了她对材料的认识,发展了她创造性表达的技巧和聪明才智。她对绘画的强烈兴趣让我们想起了充满激情的艺术家杰克逊·波洛克[1],杰克逊·波洛克用大的肢体动作和浓烈的情感在画布上挥洒颜料。我们相信,安妮特将用她非凡的才能和活力对世界产生巨大的影响。

---

[1] 杰克逊·波洛克(Jackson Pollock),美国画家,抽象表现主义绘画大师,是20世纪最有影响力的艺术家之一,代表作品有《秋韵》《第31号》《鸟》。——译者注

"全世界都充满爱"

卡里克正在画架上绘画,他使用不同颜色的颜料棒在整张纸上画着大大的图画。克里斯走过来,要求跟他一起画。卡里克表示欢迎,然后他们一起大幅度移动身体,创造出越来越大的彩色线条、旋涡和看不出是什么的涂鸦。他们不停地合作画着,卡里克肯定地说:"等我们画完的时候,它就像全世界都充满爱一样!"虽然他们没有大声地说出来,但很明显,他们想互相站得近一些,以便把整张纸都填满。画完后,他们停下来互相看着,笑得合不拢嘴。孩子们对自己的工作非常满意,他们要求纳迪娅老师把它挂起来,让每个人都能看到它!

1

---

[1] 图片中的英文翻译成中文自上而下分别为"小小艺术家:卡里克和克里斯""全世界都充满爱"。——译者注

反思与问题

　　图式无处不在！存在于儿童游戏中的重复模式，也出现在他们的艺术作品中。正如我们在这个故事中所看到的那样，孩子们内心有一种想要涂满整个空间和探索圆圈（围合、旋转和循环图式）的冲动。5岁的卡里克和克里斯兴奋地用圆形和螺旋形状画满了整张纸，对"围合"图式进行了探究。他们的目的是什么？他们是想要完成填充空间的任务，还是渴望彼此间建立美好的关系？或者两者都有？这两个儿童之间的互动对他们有着更深的意义。这周早些时候，他们发生了一场冲突，这让他们两人都很难过，这种受伤的感觉整整一周都萦绕在他们的心头。通过使用图式一起绘画，他们的情绪得到抚慰了吗？卡里克说的这句话——"等我们画完的时候，它就像全世界都充满爱一样"——是不是反映了他内心深处渴望解决他们之间的冲突呢？在这个故事中，一起进行图式探索的价值似乎超越了简单的行为，以深刻的方式影响着孩子。理解图式探索能够以有意义的方式支持孩子，促使我们提供材料来满足他们的兴趣和强烈的热情。目睹了这些有力的时刻，我们的工作和生活也得到了鼓舞！

你将思考

研究孩子们进行艺术活动的这些照片,看看他们正在进行哪些图式探索。留意他们对艺术元素的关注,如颜色、形状、线条、大小、图案、纹理、空间、形式、统一性和平衡等。你从孩子们的作品中发现了怎样的美?

图式丰富假想游戏的情节

在角色扮演游戏中,儿童总是共享游戏的脚本。例如,"照顾婴儿"这一图式包括抱着和摇晃婴儿入睡,给婴儿喂食、穿衣和换尿布。孩子们还会共享其他概念的图式,比如,假装成小狗、小猫,假装开车,假装做饭和吃饭等。孩子们从自己的生活经验中获得这些认识,而这促进了他们的合作和象征性游戏的开展。与这些概念上的图式不同的是孩子们在游戏中的重复行为,后者也是本书的关注点。这些图式是在儿童的游戏中发挥作用的动作。例如,要让婴儿入睡,儿童需要用毯子把她裹起来(围合与包裹图式);驾驶小汽车,儿童需要推着小汽车上上下下,或者绕着院子跑(轨迹和搬运图式);做饭和吃饭,儿童需要把桌子摆好,让每个人都有一个盘子和一个杯子(定位和排序图式);穿上角色表演用的服装,儿童需要把身体塞到衣服里,或把一块布或斗篷披在身上扮演一个新的角色或身份(围合和视角图式)。我们观察到,孩子们在图式游戏情节和重复的图式动作之间来回转换。例如,使用感官材料的孩子一次又一次地、专注地把杯子和容器填满(围合图式),然后突然开始进行烹饪游戏。围合图式维系着孩子们对材料的兴趣,角色扮演游戏则是从他们反复的动作中生成的。在游戏过程中,这些重复的行为为假想游戏的发起、持续和推进奠定了基础。研究下面的故事,更多地了解我们的观点。

再见

马尔科姆认真地收集了几个袋子和钱包，然后把它们挂在脖子上。他朝门口走去，走到门口转过身来，挥着手大声喊道："再见，再见！"他注意到安妮特正在看着他，便迅速地收集了更多的钱包，把它们塞到安妮特的手里。安妮特立刻明白了他的意思，她把钱包挂在身上，跟着马尔科姆在房间里走来走去。他们一起停在门口，挥手喊道："再见，再见！"

反思与问题

马尔科姆和安妮特分享了自己对搬运图式的理解，以及对"再见"这一概念图式的理解——带上东西，走到门口，然后说再见。这些理解使得这两个还不到2岁的孩子能够创编一个简单的游戏情节并一起把它表演出来。他们的行为看起来可能很天真，但是他们的游戏背后隐藏着许多技能和能力。孩子们娴熟地运用非言语沟通形式进行交流，通过读取对方的肢体语言和面部表情合作游戏。他们意识到他们的观点相同，从一起玩这个游戏中获得了巨大的满足。我们惊叹于他们的象征性游戏和他们想象的力量。他们意识到，通过假装游戏，他们可以学会应对有关分离的情感体验。我们非常重视图式探索使孩子们能够一起进行创造和假装游戏的作用。我们知道这些初始的游戏最终会发展成复杂的角色扮演游戏，进而成为贯穿他们童年的一个学习源泉。

口香糖机器

为了制造这个奇妙的装置,卡伊娅和妮古拉在安全垫的顶部排列好小球,并满怀期待地观察小球滚下来的过程。卡伊娅发现,当她站在垫子的边缘时,所有的小球都会飞到她的头上。孩子们笑得前仰后合,并立即把球重新摆好再次玩这个游戏。随着越来越多的孩子加入进来,这个建构游戏变成了一个角色扮演游戏,他们轮流扮演安装机器的工人和口香糖商店的顾客。

孩子们热情满满地继续在外面玩这个假想游戏,他们一起合作用板条箱、坡道和球重新组装口香糖机器。他们坚持不懈地花了一段时间才想出办法,让球保持在一条线上。肯尼迪建议用板条箱来阻止球滚下来。"管用!"当准备好口香糖机器后,角色扮演游戏继续进行。

"索菲娅,你负责分发口香糖。我要去招揽顾客!"

"好的!我的机器会制作出各种口味的口香糖。"

"我可以收钱。"

孩子们在院子里跑来跑去,喊着:"口香糖,口香糖,谁想要口香糖?""卖口香糖了,卖口香糖了,谁要口香糖?"顾客很快就来了。比向他们收钱,一个口香糖收取一元,孩子们假装支付。索菲娅向顾客们打招呼,并送上不同口味的口香糖。之后,孩子们用各种各样的材料对口香糖机器进行多次改造,这个充满想象力的游戏持续了好几个星期。

反思与问题

孩子们的工作既复杂又细致。在连续数周的时间里，他们使用积木、坡道和各种开放性材料一次又一次地制造和改造结构精细的机器，并创编了复杂的角色扮演游戏来使用他们的巧妙发明（连接图式）。这是一项艰巨的工作，当他们提出疑问、进行预测、解决问题并决定开展这些了不起的角色扮演游戏时，他们要倾听彼此的想法、共同想象。开放性材料的吸引力以及孩子们共同的图式探索，促进了这些独特的、富有想象力的游戏。我们想知道，他们大脑中的连接是否因他们不断地回顾和创编游戏而变得更牢固了？

这些 5 岁的孩子明年就要上小学了。在这个游戏中，他们发展了所有的入学准备技能，包括数学概念、词汇量、大肌肉动作和精细动作控制能力以及社会性、情绪情感的发展。这种在游戏中学习数学的方式既驳斥也超越了狭隘的"入学准备"安排。孩子们一起沉浸在假装游戏和积极创造的热情中。他们感受到自己的能力以及与伙伴合作的力量。我们致力于为儿童提供丰富的继续体验的机会，从而加深他们的联系和学习。

你将思考

研究这些照片以及孩子们制作口香糖机器时的行为和对话。辨识孩子们使用的图式，以及这些图式是如何促进孩子们精心策划角色扮演游戏的。

- 把球排列好（定位图式）。
- 把板条箱和坡道放在一起（连接图式）。
- 将球滚下垫子和斜坡（轨迹图式）。
- 通过建构活动和角色扮演看到和分享不同的观点（定向和视角图式）。

图式推动长期的探究

我们发现，皮亚杰把图式描述为"思路"是极其准确的。当你观察游戏中的儿童时，你可以看到这个思路，即儿童在游戏中从一个对象转移到另一个对象，反反复复地探索相同的图式。一些研究表明，儿童在许多不同的活动中经常重复相同的图式。我们也看到，孩子们在一个区域中或针对一组材料使用许多不同的图式。事实上，在许多早期教育的教室中，当儿童致力于长期的项目活动时，图式游戏往往是激励儿童回顾和加深学习的潜在线索。教师们经常问："我们如何激发孩子们对长期的项目活动的兴趣？"当我们意识到图式探索的吸引力时，我们可以计划并提供与图式相关的经验和材料，以引起儿童对项目主题的关注。

在本书开篇，我们讲述了一个关于色粉笔的故事。我们认识到"变换"图式的力量和价值，放弃了我们为儿童制订的材料使用计划。本节的第一个故事证明了图式探索对于促进儿童长期探究的作用，因为纳迪娅老师班里的孩子们通过全年运用多种图式探索粉笔持续地深化着他们的学习。接下来的故事同样展示了孩子们使用这些"思路"在一段时间内持续开展活动的简单或复杂方式，从而确保他们更深入地学习。

粉笔的魔力

今天早上,一群孩子手里拿着水桶、碗、粉笔和乐高玩具聚集在户外舞台上。他们在容器里磨碎粉笔,使粉笔从固体变成了粉末。在完成这项工作后,他们慢慢地往容器里加水,将粉末变成浓稠的液体。通常情况下,这些粉笔液会在桶里放一宿,第二天就会变成坚硬的固体。但是,今天不同了。孩子们用手从容器里挖出黏稠的液体,把它搓成小、中、大不同的球。搓好后,他们把这些"黏黏糊糊的球"放在储物架上。休息时间过后,一群孩子兴奋地问老师他们是否可以出去看看他们的球,看看它们是否还在那里。令孩子们惊讶的是,这些球不再黏糊糊的了,它们变硬了。一个孩子提议道:"让我们把这些球放在这里一宿,看看会发生什么事!"孩子们和教师都喜欢这个主意,于是他们把球留在了那里。一些孩子担心年幼的小朋友会把它们拿走,所以写了一张纸条,上面写着"请保护好!不能动"。第二天早上,纳迪娅老师想知道孩子们是否还记得去看他们的粉笔球。她应该提醒他们还是应该等等看孩子们会怎么做呢?当孩子们陆续到达幼儿园时,他们问纳迪娅老师:"我们能出去看看那些黏黏糊糊的球吗?""我很好奇,它们是否还在那里?""你认为,它们融化了吗?"他们到外面进行观察、研究。让孩子们松了一口气的是,黏黏糊糊的球还在那里,而且像石头一样硬!

反思与问题

粉笔已经成为我们幼儿园的重要材料。孩子们每天回家时从头到脚都沾满了粉笔灰。只要往我们幼儿园的院子里看一看,你就会发现每一个桶里都装满了粉笔头儿,门口台阶上保存了一桶桶的粉笔实验成果,孩子们正专心致志地用铁锹或其他工具砸碎粉笔。孩子们还喜欢用乐高积木片磨碎粉笔,因为它发出的吱吱声就像钉子划过黑板的声音。教师们很怕听到这种声音。粉笔绝对是教师们最不喜欢孩子们使用的工具之一。然而,对于孩子们来说,探索粉笔是一种年复一年、持续不断的活动。粉笔也是教师们在会议上经常讨论的话题。作为成人,我们依然觉得自己很难支持孩子们继续着迷于改变粉笔的活动。最近,纳迪娅老师问一位教师对孩子们使用粉笔的看法,她回答说:"我看到的就是他们坐在那里,拿着乐高积木日复一日、一遍又一遍地磨着粉笔。他们在学习什么?"这位教师的回答让纳迪娅老师想起了不久前的自己,当时她也看不出这种重复的游戏有什么价值，也被孩子们滥用粉笔弄得心神不宁。她班里的孩子们用了一盒又一盒粉笔。当教师们给孩子们分发粉笔时，纳迪娅老师眼中看到的都是钱。她想限制粉笔的使用数量。

通过对图式理论的学习和对反思性教学艺术的实践，纳迪娅老师的观念发生了变化。这种变化不是一夜之间形成的，而是她花时间去观察、思考和理解后形成的。从这个不同的视角出发，她看到了孩子们为什么那么喜欢粉笔。她看到了粉笔的魔力！在与主任的合作下，她促使教师们围绕孩子们的粉笔活动开展了讨论。他们让教师思考，当孩子们探索粉笔的特性时，他们可能正在经历什么。教师们之间进行了争论，谈了他们为什么支持或不支持孩子们的粉笔活动。有些教师担心这项活动是在鼓励儿童破坏财产，引导他们乱涂乱画；许多教师想要制定清晰而严格的规则，规定幼儿如何使用粉笔。纳迪娅能理解他们的感受，并希望帮助教师从不同的角度来看待孩子们的粉笔活动。她邀请教师们仔细观察孩子们的工作，并思考孩子们的视角。通过这种游戏，孩子们经历了什么？学习了什么？教师看到了什么图式？

在用这种新视角观察孩子们的游戏的过程中，教师们因孩子们复杂的粉笔使用方法而变得越来越兴奋。他们感到很惊奇，孩子们是怎么知道粉笔的特性的。他们把孩子们看作科学家——正在实验如何把固体变成粉末，然后，再把粉末变回固体的球。孩子们对粉笔的探索与教师的好奇心结合，形成了反思性教学实践。孩子们和教师们已经组成了学习者共同体！

一个神秘的洞

在过去的几个星期里,我们的 18 个月到 2 岁的孩子们对木线轴上的一个深深的黑洞很着迷。这个木线轴是我们放到院子里的。我们感到惊讶、有趣和好奇,因为他们不断地找到不同的东西放到洞里,然后急切地想看看东西都到哪里去了。注意到孩子们对填补这个洞有无限的兴趣,我们把木线轴移到院子里不同的地方,并在附近放置不同的材料,让孩子们去发现。这引发了孩子们的探究兴趣,他们只要看到木线轴就去填补这个洞。粉红色的花朵很快就消失在洞里了,而沙子为孩子们提供了源源不断的资源来填补这个洞。我们准备了一篮子球,并把一个坡道斜靠在木线轴的一侧,想看看孩子们是把球推下斜坡还是用来填满这个洞。他们立即把球放到洞里。很显然,把球塞到洞里然后看看它们去了哪里,是孩子们感兴趣的任务。

在随机用各种物体填洞的工作进行了几周之后,孩子们发明了一种新游戏。这个游戏涉及年龄大一些的孩子,这些大孩子每天都在篱笆边看他们玩。一个年龄大一些的女孩把她的鞋子给了菲比,菲比立刻走过去把鞋子放到洞里。大女孩们笑着逗菲比去把鞋子拿回来。然后,另一个女孩把她的头巾也扔到了洞里!这个新游戏持续了几个星期。当我们打扫院子的时候,我们惊奇地发现线轴底部有许多不同的东西。我们知道这些东西都是大女孩们的,我们的孩子不想把东西还回去。他们觉得,他们是在骗大女孩们吗?我们正在考虑下一步能支个什么招儿来支持这个活动。也许,我们可以建议大女孩们写一张纸条向他们询问她们丢失的物品,看看这些小孩子会怎么回应。

反思与问题

当我们回想孩子们对这个黑洞的着迷时，我们也被迷住了。这一探索活动就是对围合图式的探索，从表面上看它似乎是一种简单的对因果关系的探索。然而，孩子们想要填满一个开放空间的内在渴望，意味着我们需要对他们的学习进行更深入的思考。关于围合图式探索的意义，我们一直在思考一些更深层次的问题：

- 孩子们一次又一次地填补这个洞并寻找物体的去向，是因为他们享受行为的结果带来的神秘感吗？
- 他们正在评估他们操作不同的物体所产生的不同效果吗？
- 他们正在探索看得到的物品的概念和看不到的物品的概念吗？
- 他们认识到物品通常会再次出现，并猜测已经消失的东西会在哪里吗？
- 他们正在努力搞明白什么是不可知的、什么是可知的吗？

孩子们和大女孩们玩的这个游戏涉及一个所有孩子都喜欢的秘密。藏东西很有趣，年幼的孩子们一定觉得自己很强大，以为自己在骗大女孩们。他们试着从大女孩们的角度来想象，她们对自己的东西消失有什么样的想法。

孩子们花了几个星期的时间重复玩填洞游戏。我们在这些重复的行为中看到了儿童的思路，它引发儿童进行深入的思考，并把这个研究活动从一个简单的因果活动扩展为一个涉及合作和抽象思维的智慧游戏。理解图式探索的作用，使我们能够关注并制订计划来拓展孩子们周复一周的学习。

一次，一次，又一次

这是菲比上学步儿班的第一个星期，她安心地站在德布老师的两腿之间往桌面上的小杯子里装泡泡球。菲比玩了很长时间，她小心翼翼地把球反复装到杯子里，从一次装一个到一次装两个、三个。她在接下来的几个星期玩装小球游戏时，都让德布老师用腿围着她。一年下来，菲比填充空间（围合与包裹图式）的兴趣日复一日地在她所选择的游戏中表现出来。她总是被周围的容器和杯子吸引，随时用附近可以找到的材料来装满它们。她也着迷于用身体探索把一个东西放到另一个东西里。例如，她总是把拇指放在嘴里；她踩在石头和木轮上，在维持平衡的同时用脚完全盖住它们；她还有意地坐在或躺在方形地毯和枕头上。她是第一个爬到教室里的篮子、盒子和帐篷里的孩子。

第三章 图式探索——儿童学习与发展的强大动力 119

反思与问题

菲比向我们展示了图式理论中的"思路",即儿童一次又一次地反复使用某个图式。菲比的故事展现了围合与包裹图式。菲比的行为是有目的性的,而且她一直坚持探索,我们想知道是什么激励了她。她是通过被教师的腿环绕着和把拇指放在嘴里来获得安全感吗?她年龄很小,而且刚进入这个班级,所以她寻找方法来与他人建立关系和发展信任,因此这一点是讲得通的。她本能地明白,德布老师的腿和拇指传达的信息能影响她的本体感觉系统,向她的大脑发送令她平静的信号。也许,是她从这些行为中得到的安全感促使她把东西"围合"与"包裹"起来。当她把东西恰好塞到空间里时,她是否体验到掌控感和自信?菲比对这种图式探索的热情和兴趣,帮助她建立了信心,让她拥有了开启学习和持续学习的技能。我们将她的重复性游戏模式描述为她自然追求的深入探究或学习项目。我们相信,我们的职责是关注她的努力,研究她的表现,并想方设法地为她提供更多的材料,让她可以用来"围合"与"包裹"。当我们把菲比的简单而又非常重要的工作展示给我们自己、菲比、她的家人和我们的同事时,我们彼此就在认知和情感上进行了互动。我们想不出比这更好的方式来度过日常生活并创造一个更美好的世界。

你将思考

在你的班级选择一个孩子,对他进行至少一周的观察,看看你是否能在他的游戏中发现任何重复的行为或模式。

- 这个孩子是否一次又一次地使用相同的图式操作不同的材料?
- 他是否用相同的材料进行多个图式的探索?
- 这个孩子的思路可能是什么?
- 你能提供什么来引发孩子进行持续而深入的探索?

第四章

引发儿童进行图式探索的环境与材料

> 材料本身就蕴含着内在的生命与故事，然而，只有当它们与人相遇时，这种内在的生命与故事才得以彰显。我们如果在使用材料进行建构的时候留出安静、驻足或呼吸的空间，就有助于材料表达它们所能表达的。
>
> ——艾琳娜·贾科佩妮（Elena Giacopini）

由于我们理解了大脑发展与图式探索之间的联系，因此，我们现在更乐于设计环境和收集、提供一系列材料。儿童不一定需要特殊的材料去探索图式，因为他们做任何事情时都在探索图式。然而，观察到儿童不同寻常的材料使用方式，促使我们去寻找更吸引人的方式，以便邀请他们令人惊叹的大脑参与到活动中。我们最喜欢瑞吉欧·艾米里亚学校的艾琳娜·贾科佩妮所说的这段话（本章篇首），它激励着我们去思考那些能"邀请"儿童把他们活跃的思维融入探索的材料。什么样的材料能提供安静、让人驻足和呼吸的空间？当然不是大多数商业玩具，因为它们只有一种玩法，感官吸引力有限，而且限制了儿童的探究和创造天赋。能为儿童提供探究机会的材料是那些开放性材料，它们"邀请"儿童把它们搬来搬去、拆开、修补、设计和建造。开放性材料这一概念在当今的幼儿教育领域非常流行。教师们急切地寻找，仔细地审视着美丽的自然材料和不寻常的、开放性的、可回收的物品，以供孩子们游戏和学习。到处都在提倡开放性材料，包括品趣志[1]和照片墙[2]等社交媒体网站、早期教育书籍和博客，以及出售开放性材料的商业公司。我们热衷于研究这些美丽的图片和资源以获得灵感。当然，不可否认，我们也会复制我们所看到的图片和资源，很容易被这些"酷酷的东西"吸引。但是，开放性材料的价值在于它的本质，而不是它的风格。我们不应该把开放性材料看作一种大潮流。因此，我们致力于不断扩展我们的认识，即为什么开放性材料在幼儿的发展中如此重要。

英国建筑师西蒙·尼科尔森（Simon Nicholson，1971）提出了开放性材料这一概念，他是这样定义开放性材料的重要性的："在任何环境中，发明和创造的程度以及探索的可能性，都与环境中变量的数量和种类成正比。"尼科尔森在其著作中有力地批判了高控教育和人们对儿童创造性才能的狭隘看法，尤其是批判了为儿童学习提供一成不变的材料和环境。他反对那种认为只有少数精英才值得付出努力进行创造的观点。他在著作中预言，由于提供的环境和材料一成不变，教育体系将使大多数儿童丧失发挥其天生的创造力和创造性的机会。随着社会对结果、考试分数和评分标准的一味追求，以及强调对危险的可控性，尼科尔森的许多预言都变成了现实。而早期教育界的许多人对开放性材料的热情，让我们看到了希望。如果教育工作者能超越潮流，真正领悟到儿童通过感知体验、图式探索来利用开放性材料进行学习的巨大能力，那就太令人欣慰了。我们在本书中讨论的最新的大脑研究和图式研究，进一步巩固了尼科尔森有关保护儿童创造力和创造性的论述。

我们认同尼科尔森的理念，把我们的工作看作对充斥在我们这个行业中的商业利益的抵抗。在将商业玩具或专门制作的材料提供给孩子们之前，他们就已经使用开放性材料进行游戏了。在任何有物品可以操作但没有成人的计划或干预的地方观察儿童，你会看到他们非凡的大脑正在工作着。

我们相信，我们每天为儿童提供富有启发性的环境和材料，是在以另一

---

[1] 品趣志（Pinterest），图片分享网站。——译者注
[2] 照片墙（Instagram），一款在移动端上运行的社交应用软件，以一种快速、美妙和有趣的方式将人们随时抓拍下的图片分享。——译者注

种方式促进世界的民主和公正。当你阅读本书中的故事时，你会发现，我们提供给儿童的很多材料都是自然的、可回收的、自制的、价格低廉的物品。教师们既容易获取这些材料，又能负担得起。开放性材料让每个孩子都有机会以自己的方式、尽自己最大的能力使用它们。开放性材料不像封闭性材料那样限制儿童的图式探索，因而有助于儿童创造性思维能力的发展。

开放性材料也是中性的，可以以多种方式被定义和使用，能够让所有儿童不受性别限制地使用它们。例如，布或其他织物类材料可以让孩子们扮演多种角色，服装则有性别限制；角色扮演区的材料除了厨房的道具、婴儿护理类道具外，还应该包括不同种类的容器和织物，这些材料有可能帮助儿童扩展游戏；建构区可以提供各种各样的"宝贝"，如贝壳、人造植物、鲜花、小块地毯等，从而提高孩子们的创造性建构水平。在教室中提供开放性材料，同时牢记大脑发育与图式理论，有助于我们创造公平的空间，让每个孩子都能做自己，充分地发挥潜力。

在一天中，儿童在教室里的不同区域使用各种各样的材料进行图式探索。有些图式探索活动是我们预先计划的，有些图式探索活动则是我们计划外的。本章首先介绍一些指导我们创设环境以满足儿童发展的原则，然后呈现我们在研究中发现的不同游戏，并描述我们为调动儿童活跃的大脑而创设的环境和投放的材料，且提供照片辅以说明。

为活跃的大脑搭建平台

创设环境，包括创设活动空间以及收集和摆放材料，对儿童如何游戏有着巨大的影响。为了深入思考和计划，当我们观察孩子的游戏时，我们会问自己以下问题：

- 吸引孩子们的是什么？
- 我们在他们的游戏中看到了哪些细节，这表明是什么吸引了他们？
- 什么地方、什么材料吸引儿童进行一次又一次的、长时间的游戏？
- 材料的收集及摆放是如何影响儿童游戏的？

- 什么样的游戏空间和材料有助于合作游戏?

随着我们认识的深入,我们确定了一些原则来指导我们的工作。

为儿童准备可移动的设施。儿童渴望移动物品(搬运图式),这本身就是一个有价值的图式。然而,当材料散落在各个地方时,儿童使用材料的专注力就会受到干扰。把桌子和其他设施摆成一圈,形成一个"围合"的空间,就会吸引儿童到这个空间来。儿童可以在围合的空间内或沿着围合空间把材料从一个地方"搬运"到另一个地方,专注于对"定位""排序"以及其他图式的探索。随着时间的推移,重温同一区域的材料和相关的想法可以支持儿童获得更深入的发现。儿童也更容易发现同伴,进而分享活动和想法。研究上面的照片,并思考儿童可能会如何反应。

让空间和材料看得见。谨记图式探索是儿童认识世界的内在倾向,这有助于你考虑到儿童视角内最微小的细节,并创设吸引他们注意和让他们感到快乐的环境。一块地毯、一张桌子甚至一个低矮架子的顶部都向儿童暗示着这是一个"围合"的空间,吸引他们进入这个区域游戏。当你布置空间和材料时,你对"排序"和"定位"的关注就在"大声地"提醒儿童注意这些图式。使用开放的、扁平的、圆形的篮子及托盘、垫子等也能形成围合的空间来凸显材料,这样儿童就能清楚地看到我们提供的材料并被这些材料吸引。研究上面的照片来扩展你的思考。

提供极具感官吸引力的材料。 我们要尊重儿童接收和组织感官信息的巨大能力。除了典型的手指画和泥巴游戏外，我们努力让儿童在每一个角落都被魔幻、惊奇、光、颜色、反射、纹理和美丽包围。研究上面的照片，并思考儿童运用感官进行探索的可能性。他们可能会看到、听到、尝到、闻到、触摸和移动什么？你还能想出什么新点子可以让儿童产生惊奇和魔幻的感觉吗？

提供大小和比例不同的材料，让儿童回顾图式探索活动。你可以通过关注你所提供的材料的大小和比例，来帮助儿童回顾和深化图式探索。研究上面的照片，注意儿童：

- 交替使用小容器和大容器进行"围合"。
- 使用小型操作工具和较大的设备重新探索"旋转"和"循环"图式。
- 使用小铲子和容器"搬运"材料。

你认为，用这些方式回顾图式探索会如何影响孩子们的学习？你还能想到其他方式让孩子们重温图式游戏吗？

不同的经验

与围绕固定的学习区来规划环境相比，我们更愿意考虑如何让儿童到处都可以开展不同种类的游戏和探究活动。儿童是不会把他们的游戏局限在一个主题上的，所以我们想发现他们活跃的大脑，以思考更多的可能性。以下内容描述了我们在班级环境中为儿童提供的各种经验，以及投放的材料。我们期望你能受到这些照片的启发，同时能超越"美"与"审美"或"混乱"与"麻烦"的视角进行审视。想一想，那些了不起的儿童将会接受这些"邀请"。怎样的感官快乐吸引了儿童开放、灵活的大脑？他们能看到、听到、闻到、摸到或尝到什么？儿童是如何利用这些材料进行移动、改变、设计、发明、建构和修补工作的？试着找出儿童喜欢的所有图式探索活动。

感官经验

感官桌、托盘、沙子、水、橡皮泥、黏土、颜料和其他物品，连同杯子、勺子、容器、过滤器和其他可移动或可操作感官物品的工具，是感知运动和图式游戏的基础材料。根据儿童的大脑发育和图式探索的需要为他们提供这些材料，有可能促进儿童进行长期的探究和丰富他们的学习。研究以下案例和我们的反思，思考你的环境可以提供哪些机会。

给婴儿洗澡

这个"邀请"儿童给婴儿洗澡的自制玩水桌,蕴含着多种可能的游戏。桌面上闪闪发光的瓷砖和柔和的色彩唤起了儿童的感知觉。特意放置的镀锌浴盆引发儿童把水从一个浴盆"搬运"到另一个浴盆里。不同尺寸和种类的容器与各种各样带喷嘴的瓶子,邀请儿童进行"围合"和"搬运"。海绵、肥皂和水为儿童提供了无数的"变换"方式,因为海绵充满了水可以被挤干,肥皂可以变成泡沫,水的形状随着每一个新的容器而改变,也会因手的搅动而飞溅。除了有可能探索这些图式外,给婴儿洗澡的道具还可以促使假装游戏的发生。

纽扣，纽扣，纽扣

这数百个纽扣会如何吸引孩子们进行"轨迹"和"拆分"的图式探索？你能想象到声音和其他的感觉吗？如果孩子们以这种方式使用这些材料，你会做何反应？孩子们还有可能进行哪种探索？

冰的魔法

我们带着巨大的快乐和创造力向儿童发出不同寻常的"邀请",鼓励他们探索图式。"冰之邀请"活动,就获得了巨大的成功。我们把水放进瓶子里,使之冻成瓶子形状的冰。"宝石"、动物玩具和鲜花都被冻在了冰里面。冰上的开口吸引孩子们用钳子来"搬运"冰块,并填满中间的洞(围合图式)。之后,孩子们用盐和水彩液来融化冰块(变换图式),他们被冰块中的颜色变化和出现的裂缝吸引了。对孩子们来说,最快乐的是在冰里挖出"宝物"来。冰融化的速度不够快,所以他们从盛橡皮泥的篮子里找到了工具,用来锤打冰。孩子们用力把冰砸碎,当冰块乱飞和水从桌子上溅起时(轨迹图式),孩子们个个兴奋不已。

诱人的小草

几周来，看着这些草生长是一种发人深省的"变换图式"探索活动。孩子们帮忙播撒了种子，进行浇灌，并且每天都观察它有没有新的变化。草的质地和气味吸引了孩子们去感知，割草（拆分图式）活动也促进了他们的深度参与。孩子们通过这个活动将获得哪些科学知识？

更多的感官桌和托盘

孩子们可以有多少种不同的方式来使用这些材料？你可以在这些材料中识别出儿童有可能探索哪些图式吗？你注意到连接和拆分图式了吗？你能描述一下他们可以获得哪些感官快乐吗？

美丽的橡皮泥

橡皮泥是一种柔软的材料,儿童可以揉捏橡皮泥让其发生改变。当为儿童提供各种道具和工具时,他们探索不同图式的可能性就会大大增加。"宝石"、纽扣以及自然材料(如贝壳、石头、花朵及香草等)召唤着儿童运用天生的设计眼光去"排序""定位""连接"。寿司垫、工艺棒、蜡烛和小木块可以用来建造"围合"空间。不同寻常的杯子、盘子可以被填满(围合图式)和叠起来(连接图式)。通常,孩子们会花很长时间用开放性材料把橡皮泥的整个表面覆盖起来(包裹图式)。观看这些照片,你能说出哪些艺术元素和数学概念呢?

滴下来的软泥

软泥（由胶水、水和玉米淀粉制成）是一种令儿童着迷的材料，他们可以用它来探索"变换图式"，因为它易流动、改变，只要被儿童摸了就会发生变化。白色圆托盘上放着的亮蓝色软泥以及从高凳子上的洞里滴下来的丝状东西，唤醒了儿童对"旋转"和"循环"图式的内在探索欲望。你还注意到图片中的哪些道具和工具呢？儿童会如何使用它们呢？

摆动和悬挂

挂在沙水区附近的水桶会怎样引发孩子们去探索"定向""视角"和"轨迹"图式呢?这里还可能有什么图式发生?

> **你将思考**
>
> 考虑一下现有的感官游戏材料和设备。你如何向孩子发出"邀请",以激发他们的感知能力,引发他们的图式游戏?你能收集和投放哪些材料来促进不同种类的感官活动和图式探索活动?向你的孩子发出"邀请",然后退后一步去观察。他们的游戏给你带来了什么样的新认识?

大肢体运动经验

在为运动游戏选择材料和设备时关注有可能发生的图式游戏,就可以增强儿童的身体活动与大脑发育之间的联系。这类活动通常在室外环境中进行,但让孩子们在室内进行同样重要。儿童一直在探寻本体感觉和前庭觉信息的输入,他们会寻找各种方式来"包裹"自己的整个身体,把大的东西或自己从一个地方"搬运"到另一个地方,或跳得又高又远(轨迹图式)。这里有一些例子,在这些例子中,教师投放了材料"邀请"儿童利用大肢体进行图式探索。

重体力劳动

大轮胎、结实的粗麻布、手推车和板条箱都为孩子们提供了开放的方式去探索图式。孩子们运用大肌肉把沉重的轮胎滚上楼梯（旋转图式）。粗麻布是一种结实的材料，孩子们可以用它在院子里"搬运"沙子，也可以"搬运"一个小伙伴。此外，孩子们也有把东西从一个地方扔到另一个地方的欲望（轨迹图式）。研究下面的照片，板条箱和运动垫使孩子们可以感受自己奋力一跳的力量。你还能给孩子们提供哪些材料，让他们通过图式游戏来进行身体活动呢？

包裹起来

孩子们喜欢把自己包起来（包裹图式）、藏在小空间里，或者把物体和他们的身体围起来（围合图式）。孩子们可以用大块富有弹性的布把整个身体包裹起来，从而获得身体所需的本体感觉输入。当孩子们周围有各种各样的大型开放性材料时，如圆锥体、线轴、板条箱和镀锌浴盆，他们就会把自己围起来。教师也可以为孩子们创设一些让他们感到自己被围起来的区域，比如，教室里一个舒适的角落。

伸展身体绘画

纳迪娅注意到孩子们对可以旋转和滚动（"旋转"和"循环"）的东西很感兴趣，于是，她创设了用滚筒进行绘画的场景，那场景仿佛在说"快来玩吧"。孩子们把滚筒浸到水里蘸上"颜料"，然后伸展身体、伸长手臂去涂他们能够涂到的地方，以"清洁学校"。当克里斯注意到自己站在地面够不着攀爬架后，他便爬到攀爬架的上面，涂干净每一处污垢（"变换"）。当他从攀爬架顶部俯身上下滚动工具（"旋转"）时，这让他有了不同的"视角"。还有哪些物品能让孩子们旋转、翻滚或转动物体以及自己的身体呢？

蜿蜒的小路

我们经常可以发现儿童给物体定位、排序或者把它们连接起来,为自己建造一条蜿蜒的小路。我们已经看到了孩子们探索这些图式的创新方式,比如,在建构区里把积木摆成一排并从上面跨过去,在地板上放一根绳子当桥用,把成堆的泥土排成一排跳上去踩。在这些照片中,孩子们用各种开放性材料来设计路径。

第四章　引发儿童进行图式探索的环境与材料　141

你将思考

研究以下儿童用他们的身体探索材料的照片。你注意到,哪些图式可能出现呢?你能设想在你的班级中使用这些材料吗?

观察儿童,评估你的室内外游戏环境让儿童开展大肢体图式探索活动的可能性。你可以做些什么来促使这类活动更多地发生呢?

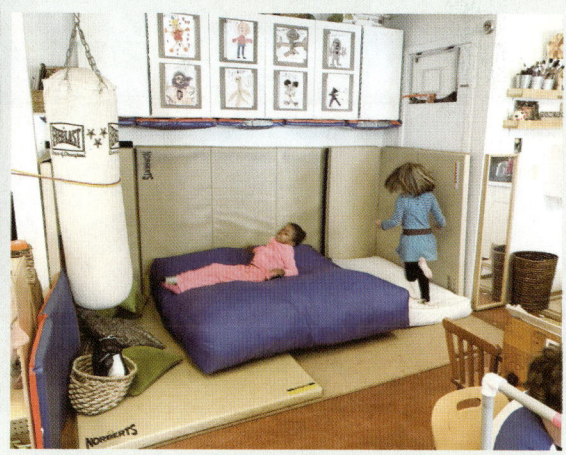

建构、操作和设计经验

大多数幼儿教育机构中都有积木和其他建构材料,这些材料可以促进儿童探索许多不同的图式。我们不想将这些活动局限于建构区,而是想在整个教室里提供有吸引力、有趣的开放性材料。这些开放性材料鼓励孩子们给他们的游戏增加复杂性。当你研究这些照片时,寻找儿童在图式探索中对美和"排序"的关注,看看是哪些数学和科学概念在起作用?当你看到儿童使用这些材料的绝妙方式时,你就会像我们一样受到启发和激励,从而寻找更多的资源来丰富儿童的游戏。

积木区的开放性材料

确保你的班级环境中有许多不同种类、大小和形状的积木,它们是各种游戏和学习的最佳材料之一。遗憾的是,由于追求学业成绩,许多幼儿教育机构限制了儿童自由探索积木的机会。积木游戏能为儿童提供充满乐趣的深度学习体验,当儿童在游戏中使用各种美丽而有趣的开放性材料时,这些体验会更加丰富。研究儿童使用这些材料开展游戏的照片,识别儿童令人惊叹的解决问题和采用设计元素的方式,以及无数的图式探索活动。你能找到围合、连接、排序、定位、定向和轨迹图式吗?

第四章　引发儿童进行图式探索的环境与材料

"宝石"和其他东西

研究这些照片，发现各种有趣的材料以及儿童使用这些材料所设计的美丽图案。什么样的感官元素吸引了孩子？你可以识别出哪些图式？

第四章 引发儿童进行图式探索的环境与材料

自然材料

自然材料因其形状、质地、颜色和天然的气味而得以刺激儿童的感官，抚慰他们的心灵。研究以下图片中自然材料所呈现的多样性和美感，并考虑图式游戏发生的可能性。儿童用这些材料创作的作品美得引人赞叹！

车道

当环境暗示着可以修建车道或让小汽车在车道上行驶时,儿童对连接图式和轨迹图式的迷恋就会显现出来。研究这里的照片,可以看到环境向幼儿发出了围合、连接和开小汽车(轨迹图式)的"邀请"。

第四章　引发儿童进行图式探索的环境与材料

球和管道

正如这里的照片所示,儿童在游戏中使用开放性材料探索重力、速度、运动、倾斜和角度等物理概念。儿童面临解决问题和创造性地使用这些材料的挑战。你能识别出儿童如何探索这些图式(旋转、循环、围合、轨迹和连接)吗?当你看到儿童使用这些材料的方式时,你就会发自内心地尊重他们的能力!

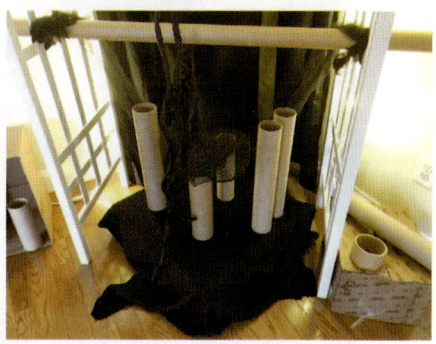

第四章　引发儿童进行图式探索的环境与材料

奇妙的弹珠

弹珠是另一种奇妙的球。这些色彩斑斓、闪闪发光的球,引发了孩子们天生的好奇心。孩子们可以用弹珠来设计图案(连接和排序图式),把它们摊开在盒子里或感官桌上,或者把它们弹飞(轨迹图式)。孩子们也可以结合弹珠跑道、管子或者斜坡使用它们,进行围合、连接、轨迹图式游戏。你有足够的勇气把装满弹珠的盒子提供给孩子们吗?孩子们会做何反应?

圆环和其他东西

当向儿童提供一组专门为图式探索而设计的材料时,他们就会投入活动。研究这里独特的材料,并思考儿童可能会如何使用它们。同时,思考会涉及哪些感知觉元素,以及儿童解决问题和发明创造的可能性,并识别出所有可能出现的图式。

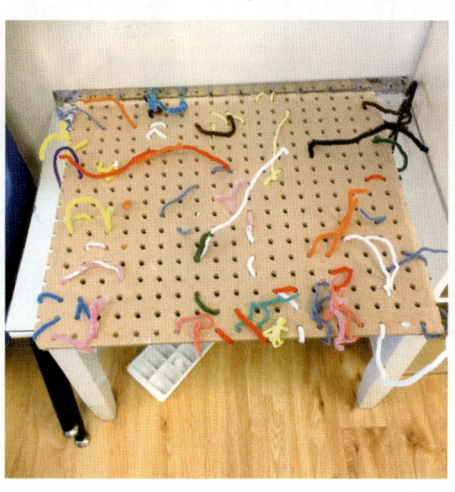

学业经验

虽然我们没有把我们的实践集中在入学准备的课程上,但我们相信儿童可以通过游戏来学习学业技能和概念。儿童的游戏涉及不断地质疑、实验、尝试错误、解决问题、想象、用符号表征和分类等,这些都是读写、数学、科学学习的基础。当儿童探索图式时,他们自然而然地学习科学和数学知识。我们想利用儿童对图式探索的兴趣,邀请他们学习对他们现在和将来都有益处的学业技能和概念。我们希望提供具有图式探索吸引力的材料,吸引儿童学习字母、数字,探索数学和科学概念。研究下面的材料并思考这些材料是如何引入和发展学业技能及概念的。

探索字母

当儿童身处有着字母和丰富的印刷品的环境中时,这一环境就能支持儿童的语言和阅读能力的发展。儿童可以接触到字母,积极地利用班级中的各种字母材料进行图式探索。儿童可以使用这些字母进行分类、排列(排序和连接图式),并在这个过程中认识字母。儿童开始以有意义的方式使用这些材料来找到彼此的名字,并学习拼单词。仔细看看这些照片,识别那些吸引儿童探索字母的图式游戏。

第四章　引发儿童进行图式探索的环境与材料

有意义的数学

数学像图式一样，无处不在！儿童通过不同的游戏活动来学习数学。"邀请"儿童学习数学的材料不必局限于"数学区"，教师可以把它们添加到教室的不同区域。你能从这些照片中发现，教师是如何有目的地为儿童提供图式游戏的材料来让他们探索数学的吗？

第四章　引发儿童进行图式探索的环境与材料

科学和图式

培养儿童对科学的热爱，是容易且必要的。科学包括研究、探索、好奇以及与我们周围的世界建立联系，而这些都是儿童一直在做的。当我们为儿童投放了自然材料并营造了观察、假设和解决问题的氛围时，儿童就可以操作自然材料，亲身体验科学。在这些照片中，教师利用儿童对图式游戏的喜爱，通过创设环境"邀请"儿童探索与科学和自然有关的概念。什么样的感官探索活动和图式探索活动会吸引孩子们参与呢？

神奇的蝴蝶

看到毛毛虫变成蛹,又变成美丽的蝴蝶(变换图式),孩子们都惊呆了。教师利用他们对这些神奇生物的兴趣提供了拼图,让他们进行配对、排序和分类游戏。所有这些游戏都充满了图式探索的可能性。你能识别这些图式是什么吗?

鸟类的生活

一天，德布老师与学步儿在幼儿园附近散步时发现了一个空鸟巢。孩子们强烈的好奇心促使她为孩子们提供了图式探索的材料，同时也让他们重温和学习有关鸟类生活、巢穴和鸟蛋的知识。孩子们非常喜欢这些具有美感的材料和图式探索活动。

岩层

这些孩子正在研究当地的一个洞穴，里面有有趣的岩层。教师给他们提供了图式探索活动，帮助他们理解岩层是怎样形成的。她把水彩画、滴管和纸（被竖放在架子上）分布给孩子们。孩子们全神贯注地在纸上一层一层地涂上颜色，观察形状、颜色和厚度的变化（变换图式），模拟自然界的发展进程。

你将思考

在你的教室里添加一些材料，鼓励儿童探索图式，同时让他们接触学业技能和概念。观察儿童如何使用这些材料，思考你可以怎样帮助他们在游戏中学到更多。

角色扮演的经验

当儿童能把他们的思路整合到一起来表征他们所知道的事物时，他们就拥有了假装猫、妈妈或婴儿的脚本（图式）。儿童利用有关猫的脚本来扮演猫：四肢爬行、喵喵叫、用碗吃饭。他们利用有关妈妈的脚本来扮演妈妈：上班、做饭、给孩子读书。这种象征性游戏反映了一种不同的图式。只要儿童有机会接触开放性材料，假装游戏就会随时随地发生。不过，我们观察到，有一些特定类型的图式游戏材料更容易促使假装游戏发生。儿童围绕着共享的图式游戏行为进行互动与合作，进而促进了共享游戏脚本的发展。同样，我们没有把这些材料局限于角色扮演区，而是把它们投放到整个教室里。

奇妙的织物

织物适合用来进行围合和包裹。在角色扮演游戏中，儿童可以使用织物来设计服装和布置环境。儿童也可以把织物披在身上来"改变"自己的身份，还可以透过织物来改变他们对世界的看法。

娃娃家

为孩子们创设一个娃娃家并投放图式游戏的材料，可以引发他们开展照顾婴儿或把自己当成婴儿的图式游戏。篮子、床、毯子、婴儿车以及瓶子都是引发围合、包裹和搬运图式的材料。

生日派对

大多数孩子都知道生日派对。生日派对游戏涉及切蛋糕、吹蜡烛、唱歌等活动。教师为孩子们提供了橡皮泥,以及当蜡烛用的羽毛和牙签等材料。这些有趣的材料向儿童发出了参与的邀请。图式是生日派对游戏中自然而然的一部分,因为孩子们会制作蛋糕(变换图式),在上面插上蜡烛(连接图式),切蛋糕(拆分图式),然后把它分给每个人(定位图式)。

装开放性材料的盘子

盘子是角色扮演游戏的主要材料,因为孩子们在日常生活中有与盘子打交道的经验。盘子也为孩子们提供了许多探索图式的机会,如探索包裹、定位和搬运图式。开放性材料和感官材料,如沙子、石头和橡皮泥等,既可以作为角色扮演游戏中食物的道具,也可以作为包裹、搬运、定位和变换图式的道具。

> **你将思考**
>
> 观察你班上孩子们的角色扮演游戏,你注意到哪些图式是他们游戏的一部分。你怎样用更多的道具来扩展他们游戏中的图式探索呢?

身份认同和反偏见经验

儿童不断地对周围的事物进行分类（排序图式）。他们辨识不同种类的车辆和动物，根据形状、大小和颜色对玩具进行分类（排序、定位图式）。他们也密切观察身边的人，并对他们分类。纳迪娅偶然遇到一个5岁孩子在艺术桌前制作图表。这个孩子正处于前书写阶段，他把几个朋友的名字写在图表上，然后把小盒子摆放好，在上面标上朋友们的皮肤、头发、眼睛的不同颜色（连接和排序图式）。德布也看到过学步儿按照肤色和性别摆放玩偶（连接和排序图式）。我们愿意与儿童一起识别和标记红色卡车、蓝色汽车，或者猫和狗，但是，当我们与他们谈到人的不同特征时，我们常常感到不安，因为我们被告知关注人与人之间的差异是不礼貌的，甚至可能是种族歧视。但是有关这些话题的研究表明，儿童从婴儿时期起就会注意到人与人

之间的差异。从 2 岁起,他们就会产生偏见。当成人对人与人之间的差异表现出不安或保持沉默时,儿童就会认为一定是哪里出了问题,而这会导致偏见、消极的自我认同和种族歧视。

我们不断地从社会公平的视角审视我们的儿童保教工作,并在教学实践中运用路易斯·德曼-斯帕克斯(Louise Derman-Sparks)和朱莉·奥尔森·爱德华兹(Julie Olsen Edwards)提出的反偏见教育目标。我们想利用儿童生来就有的对分类和排序的兴趣,为他们提供材料来研究人与人之间的相似之处,并以一种简单且舒服的方式欣赏人与人之间的差异。我们通过活动有目的地朝着四个反偏见教育目标中的前两个目标努力,随着这些活动的展开,儿童还有机会去探索另外两个目标(Derman-Sparks & Edwards,2010:4):

- 目标 1——认同:每个儿童都能表现出自我意识、自信、家庭自豪感和积极的社会认同。
- 目标 2——多样性:每个儿童都能表达人类的多样性带给他们的舒服感和快乐;能准确地表达人与人之间的差异;可以与他人建立深厚的人际关系。
- 目标 3——公平:每个儿童都逐渐地认识到不公平的现象,能用语言来描述不公平,并理解不公平带来的伤害。
- 目标 4——行动:每个儿童都将独自或与他人一起展现出反偏见的行动技能。

当你研究以下照片中孩子们的分类活动时,注意他们的兴趣和乐趣。

看到自己，看到彼此

我们提供了各种各样的机会，让孩子们通过研究自己和他们的身体特征来发展积极的自我认同。当孩子们看着镜子里的"自己"时，我们会与他们谈论他们注意到的自己与他人的相似点和不同点（排序图式）。我们经常让年龄较大的学龄前儿童画自画像，让年龄较小的孩子在自己的照片上涂画。

这是我妈妈

自制图书、家庭成员的肖像、分类游戏和绘画活动都是鼓励儿童研究他人家庭的途径。儿童喜欢看到自己家庭的照片,喜欢分享和比较(排序图式)彼此家庭的异同。

一大盒子的小盒子

这个大盒子有一个盖子,里面装着带盖子和插销的小木盒。这套盒子是邀请学步儿进行围合和包裹图式探索的完美材料。孩子们着迷于打开和关上盒子的盖子,以及拔掉和插上插销。不过,更让他们兴奋的是,每个孩子的盒子上都被他们的家人贴上了照片、贴纸或者图片作为装饰。孩子们喜欢在盒子内外寻找彼此和家人。

不同的肤色

孩子们全神贯注地调制颜料,想为他们的肤色找到合适的颜色。当他们一起工作时,他们对比着彼此的肤色,逐渐认识到他们之间的差异是人类的正常现象。

相似和不同

孩子们的周围摆放着自制的图书、配对游戏材料和反映他们身份的游戏材料，这激发了他们探索彼此异同的兴趣（排序图式）。当孩子们带着这一兴趣游戏时，对话就展开了。他们逐渐形成了积极的自我认同感，同时能够欣赏彼此之间的相似之处和不同之处。

你将思考

通过对孩子们的观察,你发现哪些细节表明他们正在发展积极的自我认同和家庭认同,并学会欣赏彼此的相似之处和不同之处(排序和定位图式)?你的观察为你提供了哪些新见解?你能提供什么材料来实现这两个反偏见教育目标?

第五章

让图式探索和学习看得见

每学年，我们都期待着发现孩子们有一些新的兴趣和强项。我们与孩子们及教学团队成员一起兴奋地探究一些主题。过去，我们学习了有关猫头鹰、丛林动物、建筑、蜘蛛和人体的内容；今年，纳迪娅非常高兴地看到孩子们用创新性的方法使用开放性材料。孩子们用管子、坡道、积木、织物和"宝石"来创作精美的作品，用小砖头、松果、石头、木头和贝壳为动物玩具建造围栏。在学习了图式理论之后，纳迪娅能够识别出儿童游戏中的重复模式和动作。她与教学团队成员分享了她对图式理论的热爱和认识，教学团队成员和她一样兴奋，愿意和她一起学习这个理论。他们发现，对不同图式的了解有助于他们理解图式游戏与儿童大脑发育之间的联系，以及这种游戏对儿童学习的重要性。图式理论帮助他们认识到，在游戏过程中，孩子们并不是在破坏或不珍惜材料，而是在扮演科学家的角色，遵从天性，使用材料来验证自己的想法和理论。

纳迪娅和她的团队成员观察并记录了儿童的工作。他们在小组会议期间分享了他们觉得有趣或感到困惑的儿童游戏照片，并反思了他们所看到的儿童的能力。他们假设孩子们可能正在进行哪些图式探究，并为他们的探究提供更多的材料和支持。团队成员深化了自身关于儿童工作的认识，看到了孩子们在工作中展现出来的力量和才华。他们期待发现接下来会出现的游戏以及会观察到的图式。大家一致认为，与孩子们一起学习图式理论是一种很好的方式，既可以增强教师与孩子们之间的感情，又可以与孩子们分享学习带来的快乐。大家希望孩子们也能看到他们自己在工作中展现的才华！

他们在晨会上向孩子们介绍图式的概念。纳迪娅给孩子们看了一些照片，并呈现了老师们所记录的一些图式活动。她说："你们知道吗？当你们创作这些作品时，你们在学习，你们的大脑在发育。你们所做的事情非常重要，它甚至有一个专门的名字——图式。"她说出了她在照片中看到的图式类型，并向孩子们展示了其他图式的列表。"我们一直在看你们工作，我们很高兴能和你们一起学习图式理论！你们的父母也被邀请和我们一起学习！"孩子们很高兴能加入我们的研究，这是一次有意义的合作的开始。

观察与合作

通过共同研究图式理论，孩子们的工作上升到了另一个层次。在完成创作后，他们会仔细地看着自己的作品问教师："这是图式吗？"然后，教师会和孩子们一起查看图式列表。纳迪娅指着作品的细节说："哦，是的，我看到了围合、定位和分类。"孩子们开始和同伴一起观看作品，并问道："你认为，这是一种什么图式？""我认为这是'围合'，就像白宫一样。"

为了支持这项研究，纳迪娅和她的团队成员专门用一面墙来进行持续的记录。在墙上，每个孩子都有一个展板，他们的图式行为被张贴在上面。孩子们经常帮助老师挑选照片，并把它们剪下来贴在他们的展板上。老师和孩子们坐在一起看着照片，并反思不同的图式，这表明了他们一起所做的工作是非常特别的。

家庭参与

孩子们也会与同伴、家人一起审视自己的照片。当家长或其他家庭成员走进教室时,孩子们会自豪地向他们展示他们的图式展板。他们指着照片解释他们游戏的细节,并指出其中涉及的图式。教师们会写简报并每周给家长发邮件,以告知图式理论研究工作的最新进展,与他们分享什么是图式理论,并邀请家长参与这项研究。"你在家里看到了什么图式?你对孩子的游戏有什么疑惑吗?我们邀请你给我们发照片并描述你所注意到的内容。"以下是教师从家长那里得到的一些回应。

罗比的妈妈

罗比每天都教我们一些新东西。最近，他开始把我们家里的许多活动和游戏称为"图式"。当我们问他什么是图式时，罗比说："图式就是我一直在做的事情。就像你用纸做了一架飞机，然后看它能飞多远，这就是图式。先是一张纸，然后是一架飞机。"

罗比经常让我们为他用乐高积木或硬纸板做的东西拍张照片，这样我们就可以把它作为图式的一个例子寄给纳迪娅。当我们问他图式是怎样形成的时，他回答说："事实上，图式是我从我的大脑中创造出来的。""图式有很多种，"他说，"大概有一千多种，我最喜欢的是建构图式。"

杰克的爸爸

在看了这些照片和阅读了有关过山车的活动后，我们感到非常惊讶、兴奋和自豪。每天晚上，我们都会给杰克读一个故事。我们都喜欢的两位作家是克里斯·范杜森（Chris Van Dusen）和安德里亚·贝蒂（Andrea Beaty）。其中，克里斯·范杜森著有《如果我是建筑设计师》（*If I Built a House*）、《如果我是汽车设计师》（*If I Built a Car*），安德里亚·贝蒂著有《乔伊想当建筑师》（*Iggy Peck, Architect*）、《罗西想当发明家》（*Rosie Revere, Engineer*）。在他们的书中，两位作家都让主人公运用他们的想象力和他们周围的物品来创造惊人的东西。通过这种学习，杰克受到鼓舞去超越一个物品的原本用途，无边界、无限制地创造新的、惊人的作品。

随着这些家长对图式理论的学习，他们在教室里观察到更多的图式行为。孩子们经常与他们的家庭成员合作一起运用开放性材料进行创作。我们很高兴看到这些家长与孩子们一起玩，一起思考图式。

教师的角色

通过这次研究，不仅孩子们的游戏水平提高了一个层次，教师们的水平也提高了！纳迪娅和她的团队成员为他们所做的工作而感到自豪。他们一直行走在反思性实践的道路上，至今已有多年。他们学会花时间停下来思考真正发生了什么，从而看到孩子们的伟大想法成真。反思实践并非易事，这需要教师做大量的工作和充分地投入，以及把自己作为学习者，也需要教师乐于审视自己的反应并听取他人的观点。一开始，在院子里这个共享的空间看着孩子们使用材料的多种可能性，对教师来说可能是一种挑战。教师有时会制止孩子们的游戏，有些教师是出于安全考虑，另外一些教师则是从珍惜材料的角度考虑。他们不同意孩子们使用这么多材料，也不同意孩子们以"不恰当"的方式使用这些材料。一位教师担心公平的问题，说："我想确保其他孩子也有相同的机会使用卡车，或者至少能在游戏中占有一席之地。那个游戏占用了操场上的所有卡车！"纳迪娅想知道，她怎样才能帮助教师看到孩子们的聪明才智。在幼儿园主管的支持下，纳迪娅在专业发展日与同事们分享她的观察记录和学习心得。她准备了一个幻灯片来介绍图式理论。为了激励教师们思考，她分享了一段孩子们建造过山车的视频。之后，她准备了一个手工制作活动。纳迪娅把教师们分成若干个小组，让他们在他们的口袋、钱包或包里找东西来设计一台机器。教师们感到很兴奋，因为他们可以与团队成员合作发挥想象力，用普通的材料做东西。游戏结束后，他们用"思考镜头[1]"（Carter & Curtis，2010）中的问题反思了自己对活动的认识：

- **了解自己**：当孩子们参与活动、进行探索和互动时，是什么吸引了我的注意力？在观看和聆听的过程中，什么让我感到有挑战性？什么让我很快乐？我的背景和价值观如何影响我对这种情况的反应？为什么？我的观点（标准、健康和安全、时间、目标）是什么？
- **发现孩子表现出来的能力细节**：在孩子们有关建造过山车的想法中，其理论依据是什么？他们的工作如何反映了他们的大脑发育水平？
- **儿童的观点**：通过自己动手建造机器，你是如何看到孩子们的观点的？你认为，孩子们为什么会如此投入地参与这项工作？
- **反思并采取行动**：看到孩子们的工作能力和他们大脑的惊人能力，对你今后的工作可能有什么启发？

主管和教师惊叹于孩子们的过山车建造工作！这个故事表明，当教师把自己最初的担忧放在一边去观察儿童工作的细节和意义时，儿童能够做什么。

马库劳斯老师分享了她对此次展示的看法：

真是一个神奇的创造！看了那个视频后，我想到了教师教孩子们做的危

---

[1] 思考镜头（Thinking Lens），一种反思和探究的方法。——译者注

害。此外,如果教师因担心安全问题而阻止了孩子们,那么孩子们将不会有这样的经验。其实,教师只要进行一次安全检查就可以保证大家都很舒服。

说实话,如果我们不是一直在进行反思性实践,那么我很可能就阻止了孩子们的活动。如果我没有放慢脚步去倾听他们的想法,那么我可能会很紧张。毫无疑问,这是一个令儿童感到兴奋的点子,激发了他们继续探索的浓厚兴趣,因为就在前几天我目睹了肯尼迪和迈尔斯建造过山车。迈尔斯告诉我,杰克建造了第一辆过山车。

哈伦瓦老师也写了一篇关于过山车的反思：

看到这辆过山车，我的第一个念头是，它是一个多么伟大的创新啊！创造力是与生俱来的！孩子们能打破常规，把卡车翻过来放，真让我大吃一惊！就我个人而言，如果我是一个创造者，我想我不会想到把卡车翻过来。此外，孩子们还把翻转的卡车作为轨道，把盆当车让其从翻过来的卡车上滑过，他们的这一做法让我目瞪口呆！这是一个令人震惊的时刻，工程师、物理学家、艺术家和创新者就在我眼前，非常神奇。

如果我们不熟悉反思性实践，这个游戏就不会发生。我会以为这个游戏很危险，我不会让孩子们从铁轨上滑过，更不会让他们坐在倒置的卡车上的盆里。得益于反思性实践，我在密切照看孩子们的同时，可以很自信地观察他们的游戏。反思性实践的美妙之处在于，孩子们可以尽情地探索自己的想法，而他们创作出来的不可思议的作品最终会让人们大吃一惊，就像杰克建造的过山车那样。

通过这次经历，纳迪娅确定通过以下方法来帮助教师看到孩子们在游戏中的才华：

- 通过照片突出儿童的图式游戏。
- 在每次员工会议上分享孩子们的想法和行动。
- 和所有教师一起研究孩子们的游戏。
- 在共享空间中示范如何慢下来、观察孩子，让孩子探索和创造性使用材料。

教师们对图式理论变得很感兴趣。他们中的许多人在自己的教室里观察和研究孩子们的游戏，寻找反复出现的图式主题。那些曾经被教师认为具有挑战性或令人烦恼的游戏，现在是他们想要支持和拓展的充满了儿童的智慧的工作。他们开始理解儿童的图式游戏和他们的大脑发育之间的惊人联系。

图式的超级力量

当教师使孩子们的工作和思维让孩子们自己、同伴和家人都看得见时，他们发现孩子们看待自己的方式发生了变化。孩子们对他们的工作表现出极强的自豪感，他们成为反思型思考者，研究自己和他人的作品；他们辨识图式，并要求用摄像机记录他们的工作；他们认为自己是有能力的学习者，与同伴、教师和父母合作并交流他们所做工作的重要性。与他们生活在一起的成人都在分享这项有意义的工作。他们的想法正在被听取和认可。正如其中一个孩子所说，他们已经成为"图式的超级英雄"。你的图式的超级力量是什么？

"用任何东西制造钻石。"

"能够看到任何图式。"

"把假的东西变成现实。"

"用磁力片建造非常大的房子。"

"把自己变成一个隐形人。"

"制造一个巨大的口香糖机器。"

我们希望这个故事能激励你和你的孩子成为"图式的超级英雄"！

附录 A

与儿童的活跃大脑相遇

——观察、反思图式游戏与大脑发育的工具

观察孩子们的游戏

- 当孩子们游戏时,你看到了什么细节?
- 孩子们在什么地方游戏,他们在使用什么材料游戏?
- 谁在游戏以及有多少孩子在游戏?他们每个人在游戏中扮演什么角色?
- 孩子们玩了多长时间?在你观察的这段时间里,游戏发生了怎样的变化?
- 儿童如何利用他们的身体主动游戏?
- 你看到,孩子们在进行哪些图式探索?你看到,孩子们是如何用他们灵活的大脑进行多种方式的学习的?

观察游戏时的反思

- 你为孩子们设计游戏环境了吗?如果是这样,他们的游戏是否是你期望的?
- 孩子们是自己发起这个游戏的吗?如果是这样,当你观看他们游戏时,是什么让你感到惊喜、困难和快乐呢?
- 你是否对孩子们正在做的事情感到担忧并觉得需要进行干预?你能等几分钟再介入吗?
- 如果你不介入,孩子们是如何自己解决问题的?

- 如果你确实介入了游戏，你做了什么？结果如何？你觉得你扮演的角色怎么样？

游戏后的反思——独自或与同事、家长一起反思

- 你所看到的游戏有什么让你感到高兴和深受鼓舞的地方吗？为什么？
- 在游戏中，你观察到的哪些细节显示了孩子们的能力？哪些细节显示了孩子们正在用他们灵活的大脑进行多种方式的学习？
- 尽可能辨识你在游戏中注意到的所有图式探索。孩子们是更经常使用一种图式还是循环使用多种不同的图式？
- 用于支持、扩展儿童游戏和图式探索的环境及材料如何？
- 你看到孩子们如何运用他们在图式探索中建立起的联系来扩展他们的游戏？
- 孩子们如何在图式探索中主动游戏？
- 你扮演了什么角色来支持或扩展游戏？孩子们的反应如何？发生的事是你所希望的吗？你是如何根据你对图式的理解来确定你在游戏中所扮演的角色的？

图式游戏计划

- 通过观察，你有什么新的想法？
- 观察之后，你对下一步和孩子们一起尝试什么感到兴奋？
- 环境的哪些变化会支持和扩展儿童的图式探索？
- 可以添加哪些材料来支持儿童的特定图式探索？
- 在孩子们的游戏中，你想扮演什么新角色？
- 你将如何与孩子、家长及同事分享游戏期间发生的事情？

附录 B

图式探索概述

当儿童探索图式时，他们正在建构对抽象概念、模式的理解，他们的大脑正在建立连接。一旦你开始留意，你就会发现图式探索在儿童的游戏中无处不在。观察图式，为儿童活跃的大脑和令人惊叹的学习能力的发展制订计划。

搬运图式

儿童经常热情满满地把物体从一个地方搬到另一个地方。通常，他们把物体送到目的地后就不管它们了。他们使用各种运输工具来搬运，如卡车、货车、大大小小的容器、袋子、钱包、杯子、罐子等，沉浸在移动物体和自己的身体所带来的纯粹喜悦和满足中。

变换图式

沉浸于变换图式的孩子，其脸上总是带着迷人的表情。他们慢慢地摆弄颜料、水、沙子、黏土、建构材料及其他开放性材料，探究着这些材料发生的变化。

轨迹图式

儿童不厌其烦地寻找不同的方法来移动物体和他们自己的身体。当儿童奔跑、摇摆、推、拉和让自己腾空而起时，他们会感到兴奋不已。他们喜欢让球飞起来、让玩具汽车飞驰、推翻积木，甚至喜欢看着他们的奶瓶从宝宝椅子上掉到地上。

旋转和循环图式

儿童喜欢快速旋转直到头晕目眩才停止下来，他们喜欢从山上滚下来，高兴地奔跑和跳舞。他们还对探索轮子、球、旋钮以及任何可以滚动、转动、扭动或旋转的东西有着浓厚的兴趣。他们喜欢观察和创造曲线及圆圈。

围合和包裹图式

儿童似乎有一种内在的需要去填满一个洞或爬进一个舒适的空间。我们不知道有多少次看到孩子们把附近的物体放到杯子、碗和容器里，或爬到盒子、橱柜、帐篷或其他小空间里。

连接和拆分图式

儿童使用各种基本策略来研究材料是如何被连接的，以及它们之间的关系。他们会对物品进行连接和拆分、组合和拆卸，或者把物品分散开。

定位和排序图式

儿童持续不断地通过观察事物的相似性和差异性，并对事物进行分类来认识世界。他们就是这样获得对人、其他生物和物体的认识的。你会观察到儿童仔细地将物体排成一排、摆成一个图案、按照某种顺序摆放或堆在一起。

定向和视角图式

儿童不断地寻找从不同的角度看事物的方式。他们摆出各种有趣的姿势来看世界，例如，爬到高处，躺在地板上，藏在家具下面，倒挂着，透过半透明的物体或镜子。

参 考 文 献

Atherton, Frances, and Cathy Nutbrown. 2016. "Schematic Pedagogy: Supporting One Child's Learning at Home and in a Group."*International Journal of Early Years Education* 24 (1): 63-79.

Athey, Chris. 2007. *Extending Thought in Young Children: A Parent-Teacher Partnership.* 2nd ed. Thousand Oaks, CA: Sage Publications.

Brommer, Gerald F. 2010. *Illustrated Elements of Art and Principles of Design.* Glenview, IL: Crystal Productions.

Carter, Margie, and Deb Curtis. 2010. *The Visionary Director: A Handbook for Dreaming, Organizing, and Improvising in Your Center.* 2nd ed. St. Paul, MN: Redleaf Press.

Clements, Douglas H., and Julie Sarama. 2005. "Math Play: How Young Children Approach Math." *Scholastic Early Childhood Today* (January/ February) : 50-57.

Derman-Sparks, Louise, and Julie Olsen Edwards. 2010. *Anti-Bias Education for Young Children and Ourselves.* Washington, DC: NAEYC.

Gopnik, Alison. 2009. *The Philosophical Baby: What Children's Minds Tell Us about Truth, Love, and the Meaning of Life.* New York: Farrar, Straus and Giroux.

Hanscom, Angela J. 2016. *Balanced and Barefoot: How Unrestricted Outdoor Play Makes for Strong, Confident, and Capable Children.* Oakland, CA: New Harbinger Publications.

Lima, Manuel. 2017. *The Book of Circles: Visualizing Spheres of Knowledge.*

New York: Princeton Architectural Press.

Nicholson, Simon. 1971. "How Not to Cheat Children: The Theory of Loose Parts." *Landscape Architecture* (October) :30-34.

Piaget, Jean. 1952. *The Origins of Intelligence in Children*. Translated by Margaret Cook. New York: International Universities Press.